인생은 아름다워

『그 청년 바보의사』 이기섭 작가의 삶의 응원가

인생은
아름다워

이기섭 지음 · 이현숙 그림

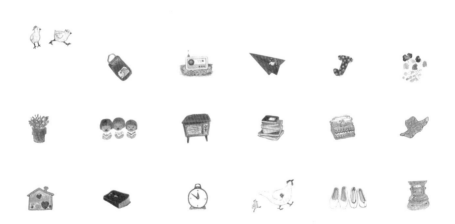

아바서원

책을 내면서

예수님은 그날 참 바쁘셨습니다.

많은 무리에게 에워싸인 채 회당장의 죽어 가는 딸에게

서둘러 가고 계셨기 때문이지요.

사람들은 예수님의 또 다른 기적을 볼지도 모른다는 기대에 들떠

서로 밀치고 밟히면서 우르르 따라갔습니다.

거리는 큰 구경거리를 놓치게 될까 봐

부지런히 쫓아가는 사람들이 일으킨 마른 먼지로 자욱했습니다.

거친 남자들 틈을 비집고 남루하고 창백한 여자 하나가

필사적으로 예수님 뒤로 다가왔습니다.

그리고 가까스로 그의 옷을 만졌습니다.

"그의 옷에만 손을 대어도 구원을 얻으리라."

열두 해를 '피를 흘리며' 고통당하던 여자였습니다.

저도 그렇게 예수님을 뒤에서 가만히 붙들었습니다.

아무도 모르는 줄 알았습니다.

그러나 상처가 아무는 것을 느꼈습니다.

결혼하고 아이들을 낳았습니다.

마음이 너그러워졌습니다.

웃음도 되찾았습니다.

남편과 자식을 사랑하고, 내가 부족해도 사랑을 받으니

다른 사람들도 사랑할 줄 알게 되었습니다.

사랑이 넉넉해지니 용서하는 것도 편해졌습니다.

신앙을 갖고 나서 제일 좋았던 것은

저 자신을 진심으로 사랑하게 된 것입니다.

사실 이전에는 제가 저를 그렇게 미워하고 있는 줄도

몰랐으니까요.

정직한 눈으로 자신을 살펴볼 용기조차 없었습니다.

한때는 고양이처럼 저 자신을 이리 핥고 저리 핥으며

잘난 척 콧대를 높여 보기도 했지만,

그것도 진정한 자기 사랑은 아니었습니다.

그저 돌아서면 부끄럽고, 민망하고, 창피하고, 미웠습니다.

진심으로 나 자신을 좋아한다는 것은,

진심으로 나를 지으신 하나님을 좋아한다는 것이었습니다.

매일 아침 저는 시냇물이 흐르는 너른 초장에 있습니다.

다른 양들과 뛰어놀다가, 혹은 풀을 먹다가, 아니면

물가에서 쉬다가, 살짝 눈을 들어

아직 예수님이 저를 지키시는지 살펴봅니다.

오! 다른 데를 보고 계시는 척하시지만

멀리 가지 말라고 막대기로 신호를 하시는군요.

아마 다른 풀밭으로 이동하실 것을 계획하고 계신지도

모르겠습니다.

산을 넘든지 골짜기를 통과하든지 저는 알 바 아니네요.

그저 졸랑졸랑 그분 뒤를 따라가면 되니까요.

할 말은 많은데 들어 주는 사람이 없어서

글을 쓰기 시작했습니다.

ESF(기독대학인회)에서 발행하는 「일용할 양식」에

제 글이 처음 실린 지 벌써 15년이 넘어가는군요.

즐거운 마음으로 열심히 썼습니다.

아무리 산을 옮기는 믿음이 있어도 내 마음이 기쁘고

즐겁지 않으면 무슨 소용이 있겠습니까?

부디 저와 같이 행복한 마음으로 읽어 주시기를.

2014년 3월

이기섭

차
례

02

하나님 아버지 모셨으니

<u>74</u>

01

사철에 봄바람 불어 잇고

노처녀 노총각이 만났습니다.

둘은 아무 대책도 없이 결혼이라는 것을 했습니다.

남자는, 시골에서 농사를 지으시는 부모님과

아흔이 넘으신 할머님,

그리고 아직 학생인 동생이 넷이나 줄줄이 있는 오남매의

맏이였습니다.

그는 어렵게 들어간 대기업을 그만두고

서른 살의 나이에 대학원에 들어간 늦깎이 학생이었습니다.

여자 역시 직업이 없었습니다.

신림동 연립주택 아래층,

500만 원짜리 방 한 칸을 얻었습니다.

이부자리 하나 펴면 꽉 차는 방 옆엔

하수도 구멍으로 쥐가 수시로 출몰하는 작은 부엌이

딸려 있었습니다.

이불장과 세탁기는 주인집과 같이 쓰는 마루와 목욕탕에
놓았습니다.

뭐가 좋은지 그들은 그 좁은 방에서
집들이를 네 번이나 치렀습니다.
아무것도 없었기 때문에 두 사람은 겁도 없었습니다.
아름답고 푸른 지구별 한구석에
남자와 여자가 살림을 차렸습니다.
"설마 굶기시겠어?"
참새 한 마리도 귀히 여기시는 하나님 빽만 믿었습니다.
우리 가족의 시작이었습니다.

인생은
아름다워

"주 하나님 지으신 모든 세계 내 마음속에 그리어 볼 때
하늘의 별 울려 퍼지는 뇌성 주님의 권능 우주에 찼네
주님의 높고 위대하심을 내 영혼이 찬양하네
주님의 높고 위대하심을 내 영혼이 찬양하네"

고등학교 1학년 때, 우리는 영어 시간마다 선생님께 팝송을 가르쳐 달라고 졸랐습니다. 진도가 늦어서 안 된다고 거절하시던 선생님은 시험이 끝난 어느 날, 당신이 가장 좋아하는 노래라고 하면서 칠판 가득 영문으로 노랫말을 적기 시작하셨습니다.

우리는 그 노래가 우리 또래 가수로 인기가 높던 도니 오즈몬드나 마이클 잭슨의 것인 줄 알았습니다. 왜 그렇게 가사가 긴지

4절까지 있더군요. 조금 수상쩍은 단어 'God'이 자주 나왔지만, 서양 노래에서는 원래 흔히 나오는 줄로 알았지요. 선생님이 드디어 가사를 설명해 주시기 시작했습니다.

"주 하나님 지으신 모든 세계……."

찬송가였습니다. 우리는 일제히 소리를 질렀습니다.

"에이 재미없어요."

신앙심이 돈독했던 선생님은 끝까지 그 노래를 부르셨습니다.

"어휴, 그 노래 되게 지루하네."

다시는 그 선생님께 팝송을 가르쳐 달라는 소리는 안 했던 것으로 기억합니다.

하나님을 믿고 철이 난 이후, 저는 종종 이 찬송가에 눈물을 흘립니다. 민들레가 기를 쓰고 자기 씨를 퍼뜨리는 장면을 보거나, 연어가 죽음을 무릅쓰고 돌아와 알을 낳은 후 입을 벌리고 죽어 가는 것을 보아도 이 찬송이 생각납니다. 꽃 한 송이, 작은 물고기 한 마리, 혐오스럽게 보이는 벌레 한 마리도 하나님이 지으신 생의 목적을 이루기 위해 애를 쓰는 것을 보면서 '살아야 하는 엄숙한 명령'을 느낍니다. 등덜미가 찌릿합니다.

초등학교에 다니는 아이들이 방학식을 마치고 돌아오면 우리 가족은 꾸려 놓은 배낭을 짊어지고 여행을 떠납니다. 남편도 학교에서 근무하기에 가능한 일이지요. 자가용이 없는 우리는 대중교통을 이용합니다. 보통은 경주나 부여 등 고적답사 위주로 여행 계획을 짭니다. 그리고 마지막 코스는 시어머님이 계시는 충남 웅천입니다.

웅천에는 모세의 기적처럼 바다가 갈라지는 무창포 해수욕장이 있습니다. 어머님 댁에서 작은 산 하나를 넘으면 됩니다. 버스가 다니지만, 신작로로 버스 타러 나가는 시간이나 걸어가는 시간이나 비슷하기 때문에 그냥 걷습니다.

바다에 가는 날 아침에는 조금 서둘러야 합니다. 햇볕이 뜨겁게 올라오면 걷는 것이 힘들기 때문이지요.

도시락을 준비합니다. 아침에 지은 밥에 소금과 참기름을 뿌려 주먹밥을 만들고, 삶은 고구마와 옥수수, 참외, 물을 챙깁니다. 무거운 것은 힘이 좋은 남편이 짊어집니다. 밭에 가실 때 어머니께서 쓰시는 분홍색 꽃무늬가 화려한 헝겊 모자를 폼 나게 쓰고 남편이 앞장섭니다. 그 뒤에는 이왕 바닷가에 가는 길이니 저녁거리라도 하신다며 조개 캐는 호미와 양동이를 들고 어머님이 따르시지요.

우리 아들은 튜브 두 개를 어깨에 척 걸쳐 메고 그 뒤에 섭니다. 보통 목청껏 노래를 불러 우리 발을 맞추어 주지요. 그다음은 우리 딸이 카메라와 두꺼운 책을 들고 따라갑니다. 시골 길가의 꽃과 풀을 찍고, 식물을 채집하지요. 방학숙제 하나를 끝내는 셈입니다. 맨 뒤에는 돗자리를 든 걸음의 베테랑 제가 섭니다. 시골에도 차가 많아져서 위험할 때가 있습니다. 후미를 담당하는 저는 걷는 속도도 조절하고, 차들이 오는지 사진을 찍는 딸아이가 뒤처지지 않는지 앞뒤좌우를 두루 살피는 역할을 합니다.

가다 보면 아무래도 햇빛이 아주 강합니다. 그러면 우리는 준비해 온 우산들을 활짝 펼쳐 쓰고 갑니다. 여름 사나이 남편은 모자 하나로 버티고, 어머님은 귀퉁이가 찢어진 검은 우산을, 아들은 개구리가 그려진 파란 우산, 아직 부끄러움이 많은 우리 딸은 제 분홍색 양산, 저는 그저 수수한 체크무늬 우산을 쓰고 갑니다. 차를 타고 우리 옆을 지나가는 사람들은 재미있다는 듯 우리 가족을 바라보지요. 혹 이렇게 수군댈지도 모르겠네요.

"아니, 저 앞에 꽃무늬 모자 쓰고 가는 뚱뚱한 사람은 남자야 여자야?"

매우 헷갈려하면서 말이지요.

바닷가에 도착하면 천막 달린 툇마루 하나를 빌립니다. 그리고 우선 점심부터 먹습니다. 물놀이를 하려면 배를 든든하게 채워 놔야 하거든요. 시원한 바람을 쐬며 조금 쉬었다가 남편과 아이들은 파도를 타러 물로 뛰어갑니다. 어머님은 바닷가 가장자리 사람들이 적은 곳으로 조개를 캐러 가십니다. 저는 혼자 남아 짐을 지킵니다. 책을 읽다가 지갑이 든 남편의 바지를 둘둘 말아 베개 삼고 한잠 잡니다. 짭짤하고 배릿한 바다 냄새와 철썩이는 파도 소리가 저를 깊은 휴식에 잠기게 합니다.

얼마나 지났을까? 어머님이 조개와 아주 작은 돌짱게들이 바글대는 양동이를 들고 돌아오십니다. 놀다가 지친 아이들과 남편도 돌아와 간식을 먹습니다.

서해는 석양 무렵이 가장 아름답습니다. 수평선에 걸린 빨간 해가 희고 푸른 바다를 금빛으로, 주홍색으로 물들이면서 시시각각 현란한 색으로 바꾸어 칠합니다. 식구들이 쉬는 사이에 저는 혼자서 바닷가를 걷습니다. 남편과 아이들 뒷바라지를 하면서 혼자 목욕탕에 가는 것, 혼자 맘 편히 산책하는 것을 얼마나 바랐는지 모릅니다. 멀리서 남편과 우리 아이들이 손을 흔들어 줍니다. 모래알만큼 많은 해수욕장의 인파 가운데 나를 알아보고 손을 흔드는 사람들은 우리 가족밖에 없네요. 혼자도 좋지만, 역시 나를 사랑하고 기다려 주는 가족이 있다는 게 더 행복합니다. 저도 손으로 하트를 만들어 날려 줍니다.

집으로 돌아오는 길은 훨씬 수월합니다. 해가 져서 시원하기도 하고 멀리서부터 우리 집이 보이기 때문에 가깝게 생각되지요. 집에 도착하면 먼저 사립문을 닫아걸고 시원하게 등목을 합니다. 어머님은 조개를 넣고 수제비를 끓이시고, 저는 모기들이 달려들기 전에 소금기 밴 옷들을 빨아 넙니다. 남편과 아이들은 마른 쑥으로 모깃불을 피우고, 마당 가운데로 평상을 내옵니다. 별들이 희미하게 돋는 것을 보며 우리는 조개수제비를 한없이 먹습니다. 더없이 한가하고 모든 걱정거리들이 멀리멀리 사라지는 저녁이지요.

한밤중, 함석지붕이 들썩일 정도로 코를 골며 자는 남편을 살짝 깨웁니다. 대숲이 와스스 거리는 뒤꼍에 화장실이 있기 때문이지요. 개구리들이 목청껏 울고, 또랑또랑 빛나는 별들이 쨍그랑 소리를 냅니다. 남편의 큼직한 손을 오랜만에 정답게 잡아 봅니다.

대학 다닐 때 저는 동아리에서 무창포로 여름수련회를 왔었고, 남편은 집에서 기른 수박과 참외를 지고 와 무창포에서 팔았다고 합니다. 그때 우린 서로 모르고 스쳐지나 갔겠지요. 그러나 하나님은 이미 알고 계셨을 겁니다.

참 신기하지 않습니까. 별처럼 많은 사람들 가운데 우리가 어떻게 부부로 만나 아이들을 낳고, 시고 맵고 쓴 인생길을 손을 잡고 같이 걸어가는 걸까요. 그리고 얼마나 더 오래 같이 갈 수 있는 것일까요.

인생은 정말 아름답습니다.

눈물의
가정예배

얼마 전 우리 아파트에 사는 어느 부부가 부도를 낸 뒤 연로하신 어머니와 아이들만 남겨 두고 어디론가 사라졌습니다. 몇 달 동안 관리비를 못 내 이 추위에 전기와 가스가 끊기고 급기야 쌀도 떨어졌다고 하네요. 부녀회에서 집집이 다니며 쌀과 돈을 모아 전했지만 다음 달은 또 어떻게 살아 낼까요?

"우리 집에 한번 놀러 오세요" 하고 인사를 건네던 이웃이 싼값에 아파트를 팔고, 한밤중에 부리나케 이사를 떠나는 것을 봅니다. 건드리면 주저앉을 것 같은, 그 이웃의 간당간당 서 있는 모습을 보고 피차 말없이 눈을 돌리고 말았습니다. 이제 불황이 소문보다 더 위력적인 모습으로 검은 그림자를 짙게 드리우고 있습니다.

결혼 13년 만에 어렵게 집을 장만한 우리 가족에게도 요즈음 자꾸 적자가 누적되고 있습니다. 집을 사려고 은행과 친지들에게 얻은 돈의 이자와 늘어나는 교육비가 월급날 다음이면 블랙홀같이 순식간에 돈을 홱 빨아가 버리는 것을 보고 등에서 진땀이 흘렀습니다. 남편이 수고하여 번 돈이 혹시 쓸데없는 곳으로 새어 나가는 건 아닌지 다시 한 번 점검하기로 했습니다.

사실 저희 집을 방문한 분들은 안방에 있는 책상이 30년 전 제가 중학교 입학할 때 친정아버지께서 사주신 것이며, 그 위에 있는 책꽂이는 골목길에 버려져 있는 것을 철사로 다시 매어 쓰고 있다는 것, 가전제품들이 대부분 100볼트일 때 산 오래된 것들이라는 데에 조금 놀라지요. 초등학교 5학년인 우리 아들은 자기 반에서 침대 없고, 전축 없고, 화면이 큰 텔레비전과 자가용이 없는 집은 우리밖에 없다고 가끔 볼멘소리를 합니다. 그러나 아직까지 별 불편한 것 없이 살아왔습니다. 이렇게 절약하고 사는데도 적자가 난다면 어떻게 해야 하나요? 피차 사랑의 빚 외에는 아무에게든지 아무 빚도 지지 말라고 하신 성경말씀도 있으니 더 이상의 빚은 지지 말아야겠는데 말이지요.

저희 집은 주일 오후 5시에 가정예배를 드립니다. 주일이면 아이들은 성가대와 학생예배 때문에 아침 일찍 교회에 가고, 어른들은 어른들대로 예배와 봉사로 바빠 저녁 먹을 때나 잠깐 얼굴을 보게 됩니다. 그러다 보니 가족 간에 대화가 겉돌고 관계가 맨송맨송해지더군요. 더 중요한 것은 사춘기에 막 들어선 우리 아이들이 겪게 될 갖가지 문제들을 하나님의 법대로 풀어 가는 방법을 가르쳐야 할 때가 지금인 것 같아 만사를 물리치고 예배를 드리기로 정했습니다.

사실 가정예배를 드리다가 아이들이 지겨워해서 그만둔 가정도 많이 있습니다. 형식적이고 생기 없는 예배를 습관적으로 드리는 집도 있고요. 그래서 저희는 '아주 간단하고, 절대로 현실적이며, 무조건 가족 간에 마음을 여는 예배'에 초점을 맞췄습니다.

애들에게 가정예배를 드린다고 했더니 처음에는 노골적으로 떨떠름한 반응을 보였습니다. 아들 녀석이 냉큼 말하더군요.

"황수관의 호기심 천국 봐야 하니 간단히 끝내 주세요."

사도신경으로 시작해서, 성경 읽고, 한 주간 있었던 얘기와 기도제목을 나누고 기도로 마칠 때까지 30분을 잡았습니다. 돌아가면서 예배를 인도하고, 성경 가운데 쉽고 재미있는 잠언, 사무엘, 창세기를 같이 읽고, 절대 잔소리 안 하고, 진짜 고민을 솔직하게 기도제목으로 적고 함께 기도하니까 처음에는 몸을 꼬던 아이들도 이제는 조금씩 공감을 해가고 있습니다.

이번 주에는 우리 집의 경제 상태를 아이들에게도 공개하고 앞으로 어떻게 살 것인지 의견을 모으기로 했습니다. 엄마가 돈이 없어 쩔쩔매는 것을 눈치로 아는 아이들에게 돈 얘기를 꺼내는 것은 쉽지 않았습니다. 무능한 부모 같아 보일까 봐 말입니다. 그러나 가족이라면 당연히 무거운 짐을 나눠져야 하는 것이 옳지 않겠습니까.

　찬송하고, 말씀 읽고, 서로의 기도제목을 말할 마지막 순서에 우리 집이 처한 상황을 구체적으로 알렸습니다. 수입은 얼마인데 지출은 얼마, 그 내용은 이렇고 빚은 얼마이고, 이자는 얼마나 나가고……. 생각보다 적은 아빠의 봉급과 많은 빚에 대한 걱정으로 아이들의 얼굴이 어두워졌습니다. 우리도 가슴이 아팠습니다. 남편은 당황했는지 몇 달 뒤에나 탈 적금과 예상되는 수입까지 더 불려서 상황이 아주 절망적이지는 않다고 위로를 했습니다. 어쨌든 매일 밀리는 아이들의 학습지를 정리하고, 전기와 수돗물을 더 아끼고 난방비도 최대한 줄이기로 했습니다. 아들이 태권도는 그만둘 수 없다고 해서 계속하기로 했고, 딸아이는 지금 아니면 악기 배울 시간이 없을 것 같다고 해서 학교에서 배우던 플루트는 계속하기로 결정했습니다. 그런 다음 돌아가며 기도제목을 나누었습니다.

아빠 : 학교에서 학생들을 잘 가르치고, 열심히 연구하기.

엄마 : 더욱 절약하며 살림하기. 특히 음식을 너무 많이 준비해서 썩혀 버리지 않기. 책은 격주로 방문하는 남산도서관 차에서 빌려 읽기.

중학교 1학년 딸 : 우리나라가 빨리 IMF에서 벗어나 어려운 사람들도 잘살게 되었으면 좋겠음. 학원에 다니지 않더라도 공부 잘하기. 우리 집 빨리 빚 갚을 수 있도록 노력하기.

초등학교 5학년 아들 : 가족들 몸 건강하기. 복권에 당첨되어 빚을 갚았으면 좋겠음(그러나 하나님은 복권을 통해서 돈을 주시기를 기뻐하지 않으시고 이마에 땀을 흘려 버는 돈을 귀히 여기신다는 아빠의 말씀을 듣고 급히 취소). 빨리 키가 커서(아들은 반에서 가장 키가 작아 별명이 밤톨) 자전거를 잘 타게 되어 신문배달을 할 수 있게 되기를.

그다음은 돌아가며 기도를 했습니다.

제일 먼저 차분한 딸아이가 최대한 감정을 절제해서 깔끔하게 기도를 마쳤습니다. 그러나 마음 약하고 순진한 아들이 "하나님 아버지 우리 집 빚을……잘……갚을 수……있게……" 하다가 참았던 눈물을 으앙 터뜨리고 말았습니다. 아이의 눈물이 우리 가족 사이로 흐르면서 우리를 하나의 진흙덩이처럼 뭉치게 해주었습니다. 남편도 엄마인 나도, 이를 악물며 참던 딸아이도 함께 눈물을 흘렸습니다. 우린 마음이 하나가 되어 간절한 기도를 드렸습니다.

기도회를 마치니 참으로 마음이 시원했습니다. 눈물로 채워진 기도가 향기롭게 하나님께 전달되었겠지요. 밥상에 둥글게 모여 앉아서 구운김과 고등어조림으로 맛있게 저녁을 먹었습니다. 상을 물리기 전에 '구구단을 외자' 게임을 한바탕 돌렸습니다.

"사팔 이십사", "육칠 사십팔" 같은 엉터리 답을 들으면서 깔깔깔 웃었습니다. 어느새 「황수관의 호기심 천국」 방송 시간이 지나가 버렸지만 아무도 불평하지 않았습니다. 그날 성령님이 우리와 함께하신 것은 틀림없겠지요.

생명의 끈으로
묶인 가족

"크를 크르륵 크륵 크륵……."

소아과 병동 앞 대기실에 앉아 있었습니다. 제 등 뒤에서 병든 짐승의 숨소리가 납니다. 그런데 그 사이사이 나지막한 노랫소리가 들려옵니다.

"꽃밭에는 꽃들이 모여 살고요 우리들은 유치원에 모여 살아요……."

정답게 어르는 소리도 들립니다.

"아이 예쁘다. 우리 아기. 눈 좀 떠봐. 엄마한테 뽀뽀."

살짝 뒤돌아보니 중증 뇌성마비 아이가 엄마 품에 안겨 있습니다. 눈은 한쪽으로 쏠리고, 몸도 못 가누고, 침도 흘리는 아이는 엄마를 향해 뽀뽀를 보내 보려고 애를 씁니다. 엄마는 세상에 그 아이만큼 예쁜 아이는 없다는 듯 바라봅니다. 저도 그 아이가 예뻐지기 시작합니다. 엄마의 사랑 때문에 아이는 행복해 보입니다.

여섯 개의 짤막한 다리가 의자 위에서 대롱대롱 흔들립니다. 상체는 어른인데 다리가 짧은 엄마와, 똑같은 기형을 가진 아들딸이 나란히 앉아 있습니다. 사람들은 안 보는 척하면서 흘끗흘끗 그들을 쳐다봅니다. 수납 차례를 기다리기가 지루했었는지, 아니면 사람들의 시선이 견디기 힘들었는지 엄마는 의자에서 일어납니다. 아이들이 엄마 뒤를 졸졸 따릅니다. 엄마는 슬픔의 무게로 얼굴이 어둡습니다. 그러나 양손에 아이들의 손을 꼭 잡고 사람들 사이를 헤치고 나갑니다. 그들의 뒷모습을 볼 뿐인데도 저는 가슴이 미어지는 것 같습니다.

방사선과 앞에는 말갛게 머리를 드러낸 아이가 털모자를 빙빙 돌리며 장난을 합니다. 한쪽 팔에는 링거가 꽂혀 있습니다. 엄마는 아이 입에 꼬마김밥을 넣어 줍니다. 이번에 아이는 슬리퍼를 위로 날려 자기 발 위에 올려놓는 장난을 시작합니다. 링거가 심하게 흔들립니다. 엄마는 혹 주사바늘이 잘못되었을까 싶어 얼른 아이 팔을 살펴봅니다.

"가만 좀 있어라."

엄마는 짐짓 화를 내지만, 또 김밥 하나를 집어 아이 입 속에 넣습니다. 물을 가지러 가는 엄마의 얼굴에는 기미가 까맣게 슬었습니다. 엄마가 아이 대신 그 고통을 겪고 있기 때문일 것입니다.

수술실로 들어가는 자동문 앞에는 눈물로 눈이 퉁퉁 부은 가족들이 죽 기다리고 있습니다. 문이 열릴 때마다 행여 자기 식구가 나오나 해서 우르르 몰려갑니다. 환자를 옮기는 아저씨들이 짜증을 냅니다.

"여기 계셔도 수술에 아무 도움이 안 되니 제발 병실에 가 계세요."

그러나 그 말을 듣고 병실로 가는 사람은 아무도 없습니다. 혹 병실에서 편히 있으면 수술이 잘못될까 싶어 찬 복도에 웅크리고 앉아 기도를 합니다.

입원실 복도에는 수술을 마치고 회복을 위해 걷는 운동을 하는 환자들이 있습니다. 수술 부위와 코, 팔에는 호스가 달려 있고 허리에는 주머니들이 주렁주렁합니다. 위를 수술하신 중년의 아줌마 옆에는 머리가 하얗게 센 어머니가 걱정스런 얼굴로 시중을 들고 있습니다. 딸보다 더 환자같이 파리하신 어머니는 당신이 대신 아팠으면 좋겠다는 기색이 역력하십니다.

병원 밖에는 봄꽃들이 화려합니다. 환자들은 쓸쓸한 얼굴로 창밖을 바라봅니다. 생명 넘치는 꽃그늘이 도리어 더 슬프게 느껴

집니다. 아름다운 것을 보면 그 안에 숨어 있는 죽음의 예감이 더욱 강렬해지기 때문입니다.

아장아장 걸음마를 시작한 아이가 딸린 제 여동생의 가슴에서 암이 발견되었습니다. 한 번도 이런 식의 이별을 생각지 못한 저희 가족은 당황하고 슬퍼서 눈만 마주쳐도 눈물을 쏟았습니다. 가족은 생명의 끈으로 묶여 있었습니다. 한 지체의 아픔이 다른 지체에게 그대로 옮겨 왔습니다. 부모님은 가슴이 까맣게 타버리는 것 같은 고통을 겪으셨습니다. 남동생은 머릿속이 하얗게 셌습니다. 우리는 우리 삶에서 여동생이 차지하고 있는 자리가 얼마나 큰지 새삼 알게 되었습니다.

여동생은 임파선까지 전이된 암세포를 잘라내는 수술을 받았습니다. 이제 겨우 엄마의 맛을 알아 가던 어린 딸은 전화기에서 들려오는 엄마 목소리를 기억하고, 전화기만 보면 오래오래 울었습니다. 초등학교에 다니던 아들은 입원한 엄마가 그리워 엄마 옷 냄새를 맡으며 잠이 들었습니다. 다행히 수술이 잘되었고, 이제 방사선 치료를 받고 있습니다.

하나님이 약속하시는 '복'이 참 당연하고 시시한 것같이 느껴질 때가 있습니다. '네가 네 손이 수고한 대로 먹을 것이라'든지, '아침저녁 밥상에 둘러앉은 아내와 자식을 보는 것이 여호와를 경외하는 자가 받을 복'이라는 구절들을 읽을 때 그렇습니다.

그러나 세상에는 애써 수고해도 자기가 번 것이 자기 입으로 들어오지 않는 사람도 많이 있습니다. 하룻밤 사이에 죽음이 갈라놓아 아침이 되어도 그리운 얼굴을 볼 수 없는 때도 있습니다. 죽음으로 가족과 이별을 한 경험이 있는 사람들이나, 저희처럼 형제가 병이 들어 죽음의 위기를 겪은 사람들은 밥상머리에 온 가족이 함께 있는 것보다 더 큰 복이 없음을 실감할 것입니다.

저녁에 초인종을 울리면서 돌아오는 가족들을 무조건 안아 줍니다. 가족의 이름으로 사랑할 수 있는 시간이 그리 길지 않을 수도 있기 때문입니다.

"네 집 안방에 있는 네 아내는 결실한 포도나무 같으며 네 식탁에 둘러앉은 자식들은 어린 감람나무 같으리로다. 여호와를 경외하는 자는 이같이 복을 얻으리로다"(시편 128:3-4).

그건
그거고

아직 초등학교에 다니던 제 아들이 그만 하나님과 부모에게 잘못을 저지른 일이 있습니다. 앞으로 장가 갈 때 지장(?)이 있을까 봐 내용을 자세히 밝힐 수는 없지만, 사춘기 초입에 접어든 초등학교 고학년 남학생들이 흔히 걸려드는 사탄의 미끼 가운데 하나입니다.

어느 정신과 의사는 부모들이 성장기 아이들의 행동에 지나치게 예민하게 반응하지 말고, 또 자세히 알려고도 하지 말라고 합니다. 혹 나쁜 짓이라 해도 한두 번 모른 척 슬쩍 넘어가 주라고 충고합니다. 일리가 있다고 생각합니다. 저도 고민을 많이 했지요. 이번엔 넘어가고 다음에 걸리면 혼을 낼까 어쩔까 하고 말입니다. 그러나 하나님이 제 마음을 읽으신 모양입니다. 그날 아침

제가 읽은 성경말씀은 잠언 13장 24절이었습니다.

"매를 아끼는 자는 그의 자식을 미워함이라. 자식을 사랑하는 자는 근실히 징계하느니라."

주석에는 친절하게 해석까지 되어 있었습니다.

"여기서 '근실히'라는 말은 문자적으로 '아침 일찍'을 뜻한다. 따라서 죄악으로 마음이 굳어지기 전에 어릴 때부터 바른 생활을 몸에 익혀 주라는 의미이다."

제 아들이 운이 나빴습니다. 계속 넘기는 잠언 말씀 중에 이런 구절만 자꾸 눈에 들어왔습니다.

"상하게 때리는 것이 악을 없이하나니 매는 사람 속에 깊이 들어가느니라"(20:30).

"아이의 마음에는 미련한 것이 얽혔으나 징계하는 채찍이 이를 멀리 쫓아내리라"(22:15).

아무래도 한 대 맞아야 한다는 말씀이었습니다. 세상의 교육 철학은 시대에 따라 변하지만, 하나님 말씀이야 영원하신 것 아니겠습니까.

그날 학교에서 돌아온 아들 녀석은 제법 굵은 매로 엉덩이와 다리 사이를 다섯 대 맞았습니다. 그리고 회개의 눈물을 흘리며 같이 기도를 드렸습니다.

아들 녀석이 훌쩍대며 제 방으로 돌아가던 중이었습니다. 긴장된 집안 분위기 때문에 소리를 죽여 놓고「삼국지」컴퓨터 게임을 하던 제 누나 방을 들여다보더니 한마디 했습니다.

"누나, 유비 죽었어?"

아직 눈물이 속눈썹에 대롱대롱 달려 있고, 매 맞은 자국이 빨갛게 부어 올라 있는데, 안방에서 자기 방으로 건너가기도 전에 매 맞은 슬픔을 다 잊어버린 모양입니다. 때린 저는 도리어 마음이 아파 주저앉아 있다가, 제 아들 녀석의 이 소리를 듣고는 '아이고 하나님, 아직 갈 길이 먼 것 같네요' 하고 웃고 말았습니다. 아들은 저녁밥도 한 그릇 다 먹었습니다.

제 여동생이 유방암에 걸려 많이 아픕니다. 그런데 아들 녀석이 매일 축구만 하다가 늦게 들어온다고 동생이 많이 서운해했습니다. 엄마가 입원했을 땐 엄마 옷 냄새를 맡으며 그리워하던 아이가 금세 그걸 잊었나 봅니다. 그래서 제가 이렇게 말했습니다.

"감사한 줄 알자. 어린것이 엄마 아프다고 매일 슬퍼하며 다니면 그게 더 가슴 아프지 않니? 슬픈 것은 슬픈 거고, 재미있는 것은 재미있는 거지 뭐."

세르비아 정부군의 잔인한 인종청소로 악명 높았던 코소보 전쟁 사진을 봤습니다. 알바니아계 난민수용소의 어른들은 낙심과 고통, 슬픔으로 머리를 감싸 쥐고 있는데, 난민촌 천막 사이에서 고무줄놀이를 하는 초등학교 여학생들 얼굴에는 웃음꽃이 활짝 피었습니다. 팔짝 뛰어오른 소녀의 갈색 머리칼이 삐삐처럼 곤추서고, 주근깨 가득한 얼굴에는 까르르 웃음이 터져 나오네요. 그 옆엔 어린이들 일곱 명이 음식 냄비를 가운데 두고 빙 둘러 앉아 있습니다. 대여섯 살 되어 보이는 남자아이가 음식을 젓고 있고, 겨우 기저귀를 뗀 사내아이는 제 밥그릇을 들고 손을 턱에 괸 채 얼마나 맛이 있을까 하고 냄비 안을 들여다보고 있습니다. 아이들은 어제의 슬픔을 다 잊었습니다. 오늘의 기쁨이 그것들을 다 몰아냈거든요.

아이를 낳지 못하는 한나는 그 괴로움에 통곡을 했습니다. 그러나 기도를 한 후에는 가서 음식을 먹고 얼굴에 다시는 "근심빛"을 띠지 않았습니다. 다윗이 밧세바와의 일로 하나님께 징계를 받았습니다. 밧세바가 낳은 아이가 여호와의 치심으로 심하게 앓게 되지요. 다윗은 아이를 위해 이레 동안 먹지도 않고 자지도 않고 땅에 엎드려 기도했습니다. 그러나 아이가 죽었다는 소식을 듣고는 몸을 씻고, 기름을 바르고, 의복을 갈아입고, 음식을 먹었습니다.

오랫동안 슬픔에 잡혀 있는 것을 하나님은 기뻐하지 않으시는 것 같습니다. 슬픈 일을 빨리 정리한 다윗이나 한나가 하나님께 금방 복을 받은 것을 보니 말입니다.

여동생의 병간호를 하다 보니 어느새 그 화사하던 봄꽃들이 다 지고 말았습니다. 인사도 못하고 반가운 벗을 그냥 떠나보낸 듯 서운합니다. 그러나 이번 여름의 푸르름은 절대로 놓치지 않으려 합니다. 아무리 슬픈 일이 소매를 끌어도, 딱 하루만 눈물을 흘리고 잊도록 하겠습니다.

그건 그거고, 이건 이거니까요.

하나님이 우리의 기도를
들으시는 이유

제가 두 아이를 기른 곳은 신림동 언덕배기였습니다. 작은 차 한 대가 겨우 다니는 좁은 골목을 사이에 두고 다가구 주택들이 촘촘히 들어선 곳이지요. 보통 반지하에 두 집이 살고, 일층에 두 집, 이층은 주인집이 살고, 그 위 불법으로 개조한 옥탑 방도 알뜰하게 세를 주는 그런 동네입니다.

놀이터도 없어서 골목 안은 늘 아이들로 넘쳤습니다. 오전에는 아장아장 걷는 아가들과 엄마가 함께 앉아 해바라기를 하고, 오후가 되면 학교에서 돌아온 아이들이 고무줄놀이도 하고 축구도 하고 가파른 계단을 다람쥐처럼 오르내리면서 숨바꼭질도 하느라 그 좁은 골목은 왁자지껄 시끄러웠습니다. 하루도 조용할 날이 없었지요. 크고 작은 싸움과 사고가 끊이질 않아 몇 분 간격으로 '으앙' 하는 울음이 터져 나오기 일쑤였습니다.

그런데 참 신기하지요. 고만고만한 아이들의 비슷비슷한 울음소리임에도 불구하고 마치 누군가 연락이라도 한 것처럼 바로 그 우는 아이의 엄마가 정확하게 집 밖으로 나온다는 사실 말입니다. 빨래를 하다가, 설거지를 하다가, 혹은 잠시 낮잠을 자다가도 자기 아이가 울면 엄마들은 본능적으로 알아채고 번개같이 뛰어나옵니다.

"누가 울 애기 때렸니?"

어떻게 자기 아이의 울음소리를 구별할 수 있는 걸까요.

아기들은 난 지 6개월 정도가 되면 '돌발성 발진'이라는 열병을 앓습니다. 40도 가까운 고열에, 토하고 아무것도 먹지 못하다가 열이 떨어지면서 온몸에 발진이 돋는 병이지요. 열에 들뜬 아이가 밤에도 자지 못하고 보채기 때문에 엄마들은 아이를 업고 밤을 새우면서 한두 시간 간격으로 해열제를 먹이고 찬 수건으로 얼굴을 닦아 줍니다.

우리 아들이 이 열병에 걸렸을 때였습니다. 꽤 몸무게가 나가는 아이를 업고 달래다가 한밤중에 남편과 교대를 했습니다. 두어 시간쯤 지났을까요. 비몽사몽간에 제 목이 타서 갈라지는 것 같은 아픔을 느껴 깨어났습니다. 애를 봐야 할 남편은 어느새 코를 드렁드렁 골며 깊은 잠에 빠져 있더군요.

아이를 살펴보았습니다. 입술이 타서 바싹 말라 있었습니다. 시원한 보리차를 입에 대어 주니 잠결인데도 아주 달게 먹었습니다. 아이가 물을 먹는 순간 제 목도 같이 시원해지는 것을 경험했습니다. 정말 이상하지 않습니까? 어떻게 제가 아이의 갈증을 느끼며 잠에서 깰 수 있었을까요? 그리고 아이가 물을 마시는 모습을 보면서 저의 갈증까지 사라질 수 있었을까요.

아이는 엄마의 태중에서 열 달을 지내는 동안 탯줄로 연결되어 있습니다. 그곳으로 엄마와 아이는 감정뿐 아니라 육체의 감각까지 공유하나 봅니다. 이 세상에 나와서도 엄마 품에서 젖을 먹고 자랍니다. 매일같이 아이의 우는 소리, 웃는 소리, 말소리를 듣다 보니 많은 아이들 속에서도 엄마는 자기 아이의 울음소리를 구별할 수 있습니다. 그러니 자기 아이가 울면 번개같이 나갈 수 있는 것입니다. 아이도 엄마가 자기의 울음소리를 듣는다는 것을 압니다. 그러니까 그렇게 자신 있게 우는 거지요.

제가 부모가 되어 보니 감히 하나님의 심정을 알아 가는 것 같습니다. 자식의 울음소리에 민감하고, 자식의 고통에 가슴이 찢기는 듯하며, 자식이 고마워하든 그렇지 않든 몸을 아끼지 않고 무엇을 해주는 것이 그렇게 기쁠 수가 없습니다. 원하는 것을 해

줄 수 없을 땐 안타깝고, 나쁜 짓을 해서 혼낼 때는 혼내는 제 가슴이 더 아픕니다. 혹 자식이 철이 들어 '감사한다'는 카드라도 한 장 보내면 감격스러워 눈물이 나고, 어느새 우쩍 자란 발을 쥐어 보며 든든해합니다.

아이를 낳고 기르면서 하나님도 저희를 똑같이 그렇게 바라보고 계신 것을 느낍니다. 하나님은 우리들을 '낳으셨다'고 하셨습니다. '기르셨다고'도 하셨지요. '아빠'라고 부르라고 하셨습니다. 기도하면 들어주겠다고 하셨습니다. 우리가 마땅히 빌 바를 알지 못하면, 말할 수 없는 탄식으로 우리를 위해 친히 간구하신다고도 하셨습니다. 저는 이 말씀을 말씀 그대로 진심으로 믿습니다. 결함 많은 저 같은 어미도 아이의 목마름을 느끼며 아이의 울음소리를 듣고 뛰어나가는데, 전능하신 하나님이 자녀인 저희의 울음소리와 간구하는 기도를 듣지 못하실 이유가 없지 않겠습니까.

신앙생활을 하면서 제일 많이 사보는 책은 '기도'에 관한 것일 겁니다. 5만 번 이상 기도응답을 받았다는 조지 뮬러를 부러워하면서 말이지요. 지나간 기도제목들을 생각해 봅니다. 이루어진 것과 그렇지 않은 것들이 있습니다. 그러나 이루어지지 않았다고 해서 저의 기도를 하나님이 듣지 않으셨다고는 생각지 않습니다. 틀림없이 들으셨을 겁니다. 그런데도 들어주지 않으셨다면 제가 모르는 마땅한 이유가 있을 것입니다.

오늘도 저는 아이처럼 하나님께 나아가 제 목소리를 들려 드리려고 합니다. 제 슬픔과 기쁨, 소망과 절망, 사랑하는 사람들 이야기, 그리고 하루에 있었던 작은 일까지……. 그래야 하나님도 제 목소리를 기억하시고 제가 골목에서 울 때에 얼른 나와 주실 테니까요.

"하나님이 이르시되 그가 나를 사랑한즉 내가 그를 건지리라. 그가 내 이름을 안즉 내가 그를 높이리라. 그가 내게 간구하리니 내가 그에게 응답하리라. 그들이 환난당할 때에 내가 그와 함께 하여 그를 건지고 영화롭게 하리라"(시편 91:14-15).

라스베이거스를
떠나며

　남편은 그랜드캐니언을 꼭 보고 싶어 했습니다. 미국 생활을
마치고 돌아오는 우리에게는 집으로 돌아갈 비행기 표 값만 남
아 있었습니다. 지금도 그렇게 생각합니다만, 하나님은 온 세상
의 물질을 당신 생각에 필요한 곳으로 친히 옮기시는 분이 아니
겠습니까?

　언감생심 미국 유학은 꿈도 못 꾸던 가난한 남편에게 장학금
까지 받고 공부할 기회를 주신 하나님은, 한국을 떠날 때 친구들
에게 그랜드캐니언을 밟고 돌아오겠노라고 큰소리를 쳤던 남편
을 불쌍히 여기셨는지, 아니면 300달러짜리 차가 고속도로 가
운데 서버릴까 봐 여행다운 여행도 못하고 미국을 떠나는 우리
가족을 불쌍히 여기셨는지, 이 작은 소망도 그분의 방식대로 해

결해 주셨습니다.

'그때 마침'(이 인상적인 단어는 성경 속에 많이도 나온답니다) 거의 비슷한 시기에 한국으로 돌아가게 된 내 친구 숙영이가 자신의 신용카드로 우리 비행기 표를 끊어 주고, 또 얼마간의 경비까지 빌려 줄 테니 자기 가족과 함께 미국 서부를 여행하는 게 어떻겠냐고 제의해 왔습니다. 저는 '그것도 빚인데' 하고 망설였지만, 그랜드캐니언에 눈이 먼 제 남편은 '이건 하나님의 뜻' 운운하며 외상 소를 잡아먹을 기세로 찬성했습니다.

세상에서 가장 스릴 있는 여행은, 꾼 돈으로 빠듯하게 하는 여행일 것입니다. 매일 아침, 전기밥솥으로 밥을 하고 고추장에 마른 멸치를 찍어 먹으면서 그날 쓸 기름값, 점심값(아이들과 저는 햄버거를, 햄버거를 싫어하는 남편은 바나나를 먹거나 차 안에서 혼자 남은 밥을 먹었지요), 모텔비 등을 최소단위까지 계산하고 길을 떠나야 하니 간절한 기도가 절로 나올 수밖에 없었습니다. 제가 너무 타이트하게 여행 계획을 짜는 바람에 운전하는 남편이 죽을 고생을 했습니다. 나중에 남편이 말하길, 차를 세우고 본 그랜드캐니언 골짜기와 옐로우스톤 이외에는 고속도로 표지판, 옆 눈으로 슬쩍 보며 지나친 사막, 그리고 앞장선 친구네 차 뒤꽁무니밖엔 기억에 없다고 투덜댔습니다. 그러나 하나님이 선물 위에 덤까지 얹어 주시듯 베푸신 이 여행에 우리는 두고두고 감사했습니다.

형편이 넉넉한 숙영이네는 옐로우스톤에서 로키산맥 쪽으로 여행을 계속하고, 귀국 일정이 정해져 있는 저희는 로스앤젤레스로 돌아오게 되었습니다. 옐로우스톤의 푸르다 못해 검은 숲과 넘치는 맑은 물은 어느새 사라지고 가도가도 메마른 사막과 찌는 더위에 우리는 지쳐 갔습니다. 물을 사려고 들렀던 데스밸리 편의점 앞에서 우리 딸은 그만 구토까지 했습니다.

그곳 기념품 가게에 걸려 있는 티셔츠 등판에는 이런 문구가 새겨져 있었습니다.

"아무것도 없는 곳으로 유명한 곳."

그러나 "아무것도 없는" 사막도 주님이 지으신 자연이었습니다. 저녁 무렵의 사막은 무어라 표현할 수 없을 정도로 아름다웠습니다. 석양보다 더 붉은 자주, 다홍, 빨강, 주홍……. 그러다가 점점 회색 섞인 옅은 붉은 빛으로 변하는 거대한 기암괴석들이 마치 타임머신을 타고 서부시대 한가운데로 뚝 떨어진 것 같은 착각이 들게 했습니다. 모퉁이를 돌면 알록달록 깃털 꽂은 늙은 인디언 노인이 어딜 그리 바쁘게 달려가느냐고 말을 걸어올 것 같았습니다.

별빛만 비치던 깜깜한 도로 끝에 환하고 푸른 불빛 덩어리가 둥실 떠올랐습니다. 라스베이거스였습니다. 공중에 뜬 도시는 요염하고, 불길하면서도 저항할 수 없는 매력적인 여배우 같았습니다. 우린 자석에 끌려가듯 속력을 냈습니다. 롯도 이런 식으로 소돔에 입성했을 테지요.

"오세요. 여긴 이혼도 결혼도 자유롭고 도박도 자유입니다. 잘하면 돈벼락도 맞지요. 음식도 싸고 호텔비도 싸고 쇼도 보여 드립니다. 밤에 다녀도 절대로 안전한 곳, 라스베이거스……."

『아라비안나이트』 소설 속에라도 들어온 것 같았습니다. 거대한 왕궁과 그리스 신전을 본뜬 호텔들과 번쩍번쩍, 반짝반짝, 휘리릭 휘리릭 조명기구를 걸 수 있는 모든 곳, 나무와 풀잎까지 온갖 네온사인들이 이리 돌고 저리 돌아 사막에서 갓 들어온 우리 촌닭들의 정신을 빼놓았습니다. 어디 가서 보물찾기 하면 웃느라 한 장도 못 줍고, 빙고를 해도 맞는 일이 없는 저까지도 왠지 가슴이 둥당둥당 뛰었습니다. 25센트만 넣으면 잭팟이 좌라락 터지는 행운이 기다릴 것 같은 예감이 들 정도였습니다. 그러니 남보다 은근히 운이 좋다고 자부하는 우리 남편은 얼마나 가슴이 뛰었겠습니까. "어젯밤 꿈이 참 좋은 것 같아" 했더니 괜히 제 손에 만 원쯤 쥐어 주고 그 꿈을 강제로 팔게 한 다음 몰래 주택복권도 산 전력이 있는 사람이라 나름대로 기대가 있었을지도 모르지요.

그러나 다행히도 우리는 돈이 없었습니다. 조금이라도 여유가 있었다면 저희도 운을 시험해 보았을 겁니다. 우리 수중에는 오늘 밤 모텔비와 다음 날 기름값밖에는 없었습니다. 죄악의 도시에서는 가난한 사람이 하나님의 복을 받은 자임에 틀림없습니다.

저희 가족은 하릴없이 모텔 주위를 이리저리 거닐다가 늦은 저녁으로 햄버거를 먹은 다음, 담배 냄새에 전 모텔 방으로 돌아왔습니다. 밤새 누군가는 100억을 뒤집어썼을지도 모르고, 누군가는 가진 모든 돈을 날렸을지도 모릅니다.

도박은 무섭습니다. 돈을 딴 사람은 불로소득의 달콤함에 빠져 불행해지고, 잃은 사람 역시 불로소득의 헛된 꿈 때문에 불행해집니다. 이곳에서 일확천금을 딴 사람들의 후일담을 들어 보면, 의문사가 제일 많고, 그다음은 파산, 알코올중독, 이혼, 자살이라는 것이 그 사실을 증명하지요. 그러나 우리는 붉은 조명이 우리 머리 위로 왔다 갔다 하는 것도 모른 채 깊은 잠에 빠져 화려한 라스베이거스의 밤을 그렇게 보냈습니다.

다음 날 아침, 해가 밝게 떠올랐을 때 우리는 그 도시를 나왔습니다. 어젯밤 보석팔찌처럼 환상적이었던 불빛들은 사라지고, 청소부들만 분주하게 거리를 치우는 삭막한 시멘트덩어리 도시가 서 있었습니다. 조명이 꺼져 버린 인간 욕망의 천국은 화장이 지워진 늙은 배우같이 초라했습니다. 그럴듯했지만 생명이 없는 가짜였습니다. 잠깐 들른 길가 주유소 화장실에는 '테이블 댄스'를 보여 준다는 가슴 큰 여자의 사진이 붙어 있었습니다. 밤에 보았으면 유혹적이었을 그 사진도 해가 청명한 아침에 보니 여기저기 누런 때가 묻은 싸구려 종이에 불과했습니다.

우리 가족은 다시 네바다의 사막 길로 나왔습니다. 겉으로는 죽어 보이나 방울뱀과 300가지가 넘는 생명이 산다는 사막이 훨씬 아름다웠습니다. 저는 롯의 아내처럼 뒤돌아보았습니다. 아쉬워서가 아니었습니다. 혹시 그새 도시가 신기루처럼 사라지지나 않았는지 궁금해서였습니다. 라스베이거스는 제게 먼지보다 더 가벼운 도시였습니다.

우리는 그렇게 라스베이거스를 떠났습니다.

그것 참
안됐구나

제가 중학교에 다닐 때, 텔레비전에서 방영하던 외국 연속극 중에 「도나 리드 쇼」가 있었습니다. 엄마인 도나와 아빠, 10대의 아들딸이 나오는 미국 중산층 홈드라마였지요. 아직도 잊히지 않는 한 장면이 있습니다. 아침에 등교 준비를 하던 아들 제프와 엄마의 대화입니다.

"제프, 어째 기분이 좋아 보이질 않는구나. 무슨 일 있니?"

"예, 엄마. 어제 본 시험 망쳤어요."

"그것 참 안됐구나. 오늘은 좋은 날 되길."

엄마는 어깨를 으쓱하며 아들에게 입을 맞추고 학교로 보냅니다.

'그것 참 안됐구나?'

초등학교 때부터 입시경쟁에 시달려 온 저로서는 시험 못 본 아들에게 마치 남의 일처럼 그렇게 얘기하는 엄마가 진짜 신기해 보였습니다. 신선하다 못해 눈물 나게 부러웠습니다.

우리 엄마 버전으로 옮긴다면 이야기가 이렇게 흘러갈 것입니다.

"지난번 시험 결과 나왔니?"

"……통지표 어제 나왔어요."

"여태 얘기 안 한 걸 보니 성적 떨어졌지?"

"……."

"그럴 줄 알았다. 그렇게 잠만 자고 놀더니. 너희 반 일등 누구냐? 옆집 순희는 몇 등 했니? 너만 성적이 떨어졌네. 안 되겠다. 한 대 맞아야지."

한 차례 매질이 있은 다음, 성적과 관계없지만 공부를 못했기 때문에 갑자기 생각난 지저분한 방에 대한 지적, 칠칠맞게 흘리고 다니는 소지품, 아직도 달아 놓지 않은 교복단추까지 꼬투리를 잡으시고, 마지막으로 공부 잘하는 사촌들의 최근 성적 현황, 그리고 영락없는 마지막 멘트 "내가 속상해 못 산다. 엄마 위해 공부하니? 다 너 위해 공부하는 거지. 일등 한 그 애 엄만 얼마나 좋을까. 정말 부럽다"로 대단원의 막을 내리게 되지요.

저는 떨어진 성적보다 화가 난 엄마를 어떻게 대할 것인지에 대한 걱정으로 앞뒤가 캄캄할 때가 더 많았습니다. 공부를 잘하면 못된 것도 다 봐주시다가, 공부를 못하면 매도 맞고 갑자기 천덕꾸러기가 되는 것이 참 부당하다고 생각했지요. 그리고 공부를 못한다고 해서 때리는 것이 말이 되는 걸까요. 공부 못해서 가슴 아픈 사람은 난데, 왜 부모님이 더 흥분을 하는 걸까요.

「도나 리드 쇼」를 보며 저는 결심했지요.

'나는 결혼해서 아이를 낳으면 절대 공부 때문에 때리지는 않을 거야. 성적이 떨어지면 그것 참 안됐구나 하고 쿨하게 말해야지.'

제 아이들이 커서 학교에 들어갔습니다. 입학식이 지난 지 얼마 안 돼 벌써 받아쓰기시험을 보더군요. 저는 다른 아이들도 다 우리 아이들처럼 'OO점'(프라이버시를 위해 밝히지 못함)을 맞는 줄 알았습니다. 나중에 알고 보니 몇몇 아이 빼고는 거의 100점, 90점이라고 하네요. 결심한 바가 있어 아이들을 때리지는 않았지만, 눈초리가 저도 모르게 올라가 붙는 것은 막을 수 없었습니다. 제가 아이들에게 화를 내지 않아도 아이들 스스로가 성적 때문에 스트레스를 받더군요. 아마 우리 사회 전체가 거대한 시험장이라 어딜 가나 성적순 공포에서 벗어나기는 힘이 드는 것 같습니다.

6학년 마지막 수학경시를 멋지게 장식해 보겠다고 우리 아들이 평소에 않던 수학 공부를 정성껏 했습니다. 담임선생님께서 절대로 교과서에서만 나온다고 하셨지만, 문제집도 풀었습니다. 그러나 학교에서 돌아온 아들의 어깨가 축 처져 있었습니다. 친구도 한 명 데리고 왔습니다.

"엄마, 시험 못 봤어."

"그, 그, 그것 참 안됐구나. 몇 점이나 맞았니?"

"칠득이를 면하려고 했는데 육개장이 되었어. 얘는 오징어야. 얘는 집에 가면 엄마한테 죽는데, 나는 참 다행이다. 엄마는 안 때리니까. 우리 반 애들이 다 우리 엄마랑 자기 엄마랑 바꿨으면 좋겠대."

전에 없이 아부까지 하는 것을 보니 자신도 상당히 부담이 되는 듯했습니다. 그러나 아무렇지 않게 친구와 함께 놀다가 "내일 살아서 만나자……" 어쩌고 하면서 배웅까지 해주었습니다. 하지만 그 친구가 간 다음, 우리 아들은 혼자서 울었습니다.

"이번에는 정말 열심히 했는데 이게 뭐야……."

저는 목표를 달성했습니다. 아들이 성적 때문에 스스로 울었으니까요.

이스라엘 전통에서 성년으로 간주되는 나이는 12세입니다. 성년이 된다는 것은 어른으로서 스스로를 책임져야 한다는 의미입니다. 젖을 뗀 사무엘이 엄마와 떨어져 엘리에게 맡겨진 후, 12세쯤부터 예언 활동을 시작했다고 합니다. 예수님도 12세 때 예루살렘에 올라가서 랍비들과 대화하셨습니다. 요셉과 다윗과 다니엘도 10대에 인생의 전기를 맞이했고 성숙하게 이를 잘 감당했습니다.

우리나라에서는 15세쯤 관례를 치렀습니다. 공자도 15세에 배움에 뜻을 두었다고 합니다. 지금의 중학교 시절은 인생의 방향을 세우는 데 정말 중요한 시기입니다. 그런데 우리나라는 어린이답게 놀지도 못하고, 충분히 어른도 못된 '어정쩡한 어른들'을 만들어 내는 것은 아닌지 모르겠습니다.

자식을 객관적으로 지켜보기가 참 힘이 드는 줄을 저도 잘 압니다. 아이들이 시험 보는 날이면 저 역시 집에서 단정하게 근신하며 시험 치를 때 실수하지 않기를 두 손 모아 기도합니다. 하지만 시험 공부를 시킨다거나, 아이의 성적을 가지고 야단을 치지는 않습니다. 아이의 일에 엄마가 먼저 펄펄 뛰면 아이가 자신을 냉정하게 바라볼 기회를 잃게 되니까요.

어떤 교육전문가의 말에 따르면, 똑똑하고, 강하고, 게다가 수학까지 지도하는 엄마가 아이들에게는 최고로 스트레스를 주는 엄마라고 합니다.

저는 우리 아이들이 매년 좋은 선생님과 좋은 친구들을 만나기를 늘 기도합니다. 그리고 아이들이 실패하거나 곤란을 겪을 때, 조금 거리를 두고 "그것 참 안됐구나" 하며 문제를 아이들 품에 다시 던져 주는 용기를 엄마인 제가 먼저 가질 수 있도록 노력할 것입니다.

엄마만
몰라

"너 이번에 수능 볼 거니?"

"공부를 했어야 보지. 너는?"

"몰라. 이번엔 아무 데라도 갈 거야. 더 이상 재수는 못하겠어. 근데 너 학원 안 다니고 다른 거 하는 것 엄마가 아셔?"

"엄마만 몰라. 언니들은 다 알아. 난 정말 공부가 싫어. 옷가게에서 일하는 게 딱 맞아."

"솔직하게 털어놓지 그래?"

"울 엄마 심장마비로 돌아가시는 거 보고 싶냐?"

전철 안, 제 앞에 서 있던 두 여학생이 나눈 대화입니다. 무심코 앉아 있던 제게 "엄마만 몰라"라는 말이 날카롭게 꽂혔습니다. 다른 사람들은 다 아는 일을 가장 가까운 엄마만 모른다니요? 갑자기 우리 아이들도 자기 친구들에게 "우리 엄마만 몰라" 하고 말하는 일이 있을지도 모르겠다는 생각이 들었습니다.

저희 부부가 가끔 싸우는 내용 가운데 이런 것이 있습니다.

"왜 어머니께 그런 것을 말씀드려서 걱정하시게 해?"

남편이 화를 냅니다.

"내가 무슨 말을 어머니께 했는데요?"

"내가 오십견에 걸려서 병원 다니는 것하고, 빚 얻었다는 것 말이오."

"아니 그게 무슨 큰 비밀이라고요?"

"그래도 어머님이 걱정하시잖아요."

그러면 저는 "걱정을 하셔야 기도를 하시지요" 하고 되받습니다.

다섯 남매의 맏이로 고등학교 때부터 객지 생활을 한 남편은 큰일 작은 일을 혼자 궁리하고 혼자 해결하는 버릇이 있습니다. 고민이 있어도 잘 말하지 않습니다. 아내인 제게도 마찬가지지요. 저는 그것이 서운할 때가 많습니다. 사랑하는 가족끼리는 좋은 것도 힘든 것도 같이 나눠야 하는 것 아닌가요? 숨기고 싶고 말하기를 꺼린다는 것은 그만큼 사이가 편하지 않다는 증거가 아니겠어요?

여동생이 유방암에 걸렸을 때, 제 친구들이 제일 먼저 물은 것은 "친정엄마도 아시니?"였습니다. 물론 아셨습니다. 며칠을 몸부림치며 우셨지요. 그리고 스스로를 다잡으셨습니다.

"이왕 이렇게 된 것 수술도 하고, 방사선도 쬐고, 약도 먹고, 사람이 할 수 있는 것은 다 해보자. 나머지는 하나님께 맡길 뿐이다."

그리고 새벽기도도 하시고, 동생네 아이들도 돌봐 주시고 살림도 씩씩하게 맡아 주셨습니다. 가장 고통스러워하실 친정엄마가 그렇게 중심을 잡으시니까 우리는 한결 마음이 가벼워졌고 힘을 얻을 수 있었습니다.

성경에는 기도하는 어머니가 여럿 나옵니다. 열왕기나 역대기에는 왕들의 이름 뒤에 그 모친의 이름이 기록되어 있고, 곧바로 그 왕은 여호와 보시기에 '선하였더라' 혹은 '악하였더라'라는 평이 나옵니다. 자식들에게 미친 어머니의 영향력과 함께 자식들의 행위에 대해 그 어미에게도 공동의 책임이 있음을 은연중에 드러내는 구절입니다.

어머니들은 본능적으로 자식들을 위해 기도합니다. 그러나 막연하게 공부 잘하고, 건강하고, 훌륭한 사람이 되게 해달라고 기도하는 경우가 많지요. 사춘기에 들어선 점점 커가는 자식들은 진짜 고민을 부모에게 말하지 않는 것 같습니다. 고통을 스스로 해결할 수 있는 어른이 되어 가는 증거겠지만, 저는 우리 아이들이 효도한다는 이유로 부모를 속이는 일은 하지 않았으면 좋겠습니다.

억울하게 자식을 잃은 어머니의 절규가 신문에 난 적이 있습니다.

"내 자식 죽는 줄도 모르고 에미는 밭에서 김만 매고……."

자식의 고통을 나눠 갖지 못한 엄마의 안타까움은 평생의 상처로 깊게 남을 것입니다.

집에 돌아와서 아이들을 불렀습니다. 그리고 엄마는 무슨 얘기를 들어도 졸도하거나 심장마비를 일으키지 않을 테니 솔직하게 기도제목을 나누자고 제안했습니다. 아이들은 "알았어요. 걱정 마세요" 하고 입을 모았습니다.

저는 우리 아이들의 기쁨과 함께 슬픔, 실망, 억울함, 분노, 괴로움, 더러움, 죄까지도 함께 나누는 엄마가 되고 싶습니다. 우리 아이들이 무슨 일에든지 '엄마한테 기도 부탁 해야지' 하면서 힘을 얻는 그런 엄마가 되길 원합니다. 그리하여 하나님이 기록하시는 책에 "아무개의 어머니의 이름은 기섭이었더라. 그들은 여호와께서 보시기에 선하였더라"라고 쓰이고 싶습니다.

"……유다 왕 아하스의 아들 히스기야가 왕이 되니…… 그의 어머니의 이름은 아비요 스가리야의 딸이더라. 히스기야가 그의 조상 다윗의 모든 행위와 같이 여호와께서 보시기에 정직하게 행하여"(열왕기하 18:1-3).

조심,
그리고 또 조심

우리 아들이 6학년 때였습니다. 부모들을 모시고 공개수업을 한다고 해서 학교에 갔습니다. 아파트가 들어서면서 새로 지은 학교라 빨강 벽돌에 노랑 창틀이 비둘기 집같이 예뻤습니다. 그러나 아이들은 복도와 교실에서 왜 그렇게 소리를 지르고 뛰어다니는지 무슨 들짐승들 같았지요. 제 뒤의 할머님 한 분이 이렇게 말씀하시네요.

"애들이 다 소젖을 먹고 커서 그런가, 왜 이렇게 뛰어."

열린교육 시범학교라 선생님들은 수업도 새로운 방식으로 진행하셨습니다. 옛날 저희들은 장학사가 오는 날에는 청소하랴, 커튼 빨아 오랴, 화분 가져오랴, 용의검사에, 또 연구수업 할 때 손들고 질문할 아이들 정하랴, 온통 학교가 '높은 분들에게 잘 보여야 한다'는 팽팽한 긴장감이 흘렀습니다. 지금은 저희 다닐 때보다 겉치레를 위한 권위주의적인 모습은 많이 사라진 것 같습니다. 수업을 진행하시는 선생님이나 아이들 모두 자연스러웠지요. 그러나 공개수업임에도 불구하고 아이들이 너무 소란스럽고, 수업 중에도 이리저리 돌아다니고, 선생님께 말도 안 되는 농담을 던져 선생 노릇 하기도 힘들겠구나 하는 마음이 들었습니다.

조금 일찍 학교에 도착한 저는 수업이 시작되기 전 칠판 오른쪽 한구석에 몇몇 아이들의 이름이 적혀 있는 것을 보았습니다. 옛날이나 지금이나 칠판에 이름이 오른다는 것은 그다지 명예로운 일은 아닐 터였습니다. 보나마나 청소 안 하고 도망간 아이, 수업 시간에 떠든 아이, 아니면 숙제 안 해온 아이겠거니 생각했지요. 다행히 우리 아들 이름은 없었습니다.

학교에서 돌아온 아들에게 칠판에 이름 적힌 애들이 무슨 죄를 지었느냐고 넌지시 물었습니다.

"걔네들? 폰팅하다가 걸린 애들이에요."

"폰팅? 어디서?"

"집에서 하면 엄마한테 들키니까 학교 공중전화로 하다가 교감선생님께 걸렸어요."

"무슨 폰팅을 학교에서 하니?"

"어엉……. '에스이엑스'에 관한 거예요."

"'에스이에스'가 아니라?"

"아이 참 엄마는……."

'이래서는 안 되지. 엄마가 깜짝 놀라면 아이들이 대화를 끊는다고 했지? 아무렇지도 않게……. 자 큰 숨 한번 쉬고……. 사춘기에 들어선 아이들과 성에 관한 대화를 할 때 지켜야 할 법칙 제 일조가 무슨 얘기를 들어도 놀라지 말라였겠다?'

"오호 그래, 어떤 얘기를 전화로 하는데?"

"그냥, 뭐 해본 적이 있느냐, 기분이 어떠냐 그런 거. 근데 나는 아직 변성이 안 되었잖아요. 다른 애들은 목소리 때문에 미성년자인 게 들통 나는데 나는 여자라고 하면서 전화를 하니까 괜찮거든요."

"너도 했니?"

"아니아니, 예를 들면 그렇게 한다는 얘기지요."

순진한 우리 아들은 얼떨결에 안 해도 될 얘기까지 하고 말았습니다. 수염은커녕 아직 얼굴에 아기 솜털이 보시시 하게 남아 있고, 「빅토리 구슬동자」와 「피카츄」 만화영화는 녹화를 해서 여러 번 봐야 직성이 풀리는 아이인데도 성적 호기심에는 어쩔 도리가 없었나 봅니다.

성문제를 상담하시는 분들 얘기로는, 부모들이 '차마 못 볼 장면'을 보고 있는 자기 아이들을 발견했을 때 될 수 있는 대로 자연스럽고 유머러스하게 넘기라고 하시더군요. 예를 들면, "아니, 요즘 레슬링은 혼성 매치냐?" 하고 말이에요. 그러나 그것이 생각처럼 쉽게 되지는 않지요. 아무래도 보통 엄마들은, "요즘 레…… 레…… 레슬링…… 혼…… 혼성 매치고 뭐고, 너 지금 뭐하고 있냐? 라는 공부는 안 하고. 이놈의 컴퓨터 갖다 버린다. 머리에 피도 안 마른 녀석이……" 하고 뒤통수를 한 대 갈기게 되어 있지요.

우리 아들도 중학생이 되어서는 틈틈이 인터넷의 '화끈한' 사이트로 여행을 다니는 모양입니다. 남편은 사내답게 잘 크고 있는 증거니 담담하게 받아들이라고 하지요.

어느 날 저녁을 먹으면서 자연스럽게 '음란사이트'를 가족 공동 대화 주제로 올렸습니다. 곰팡이는 어둡고 음습한 공간에서 생기는 것이니만큼 그런 주제일수록 밝은 곳으로 이끌어 내는 것이 문제를 더 잘 해결할 수 있을 것 같아서이죠.

"너희 반 아이들 얼마나 그 사이트에 방문하니?"

"거의 다요."

"아래층 성훈이도?"

"걔가 그 사이트를 가르쳐 주었어요."

"동원이는?"

"그 녀석은 오학년 때 이미 뗐어요."

우리는 모두 하하 웃었습니다. 그리고 인터넷에 뜬 장면들은 장사꾼들이 만들어 낸 것이고, 진짜 성은 훨씬 더 성스럽고 진지하며 결혼한 부부들에게 허락된 것임을 말해 주었지요. 그러나 여러 번 보면 중독도 되거니와 나쁜 사람들이 돈을 벌도록 도와주는 것이니 지나치게 자주 들어가지는 말자고 했습니다. 또 인류가 생긴 뒤 성이 문제를 일으키지 않았던 적이 없으므로, 주인 집 아내의 유혹을 받은 요셉이 그 여자와 같이 있지도 않고 옷을 두고 도망한 것같이 '조심 또 조심' 하며 살자고 했습니다. 이렇게 말을 했어도 아들은 여전히 그런 사이트로 들락날락하겠지요.

인간은 정말 부패한 존재임에 틀림이 없습니다. 좋은 일에 쓰려고 발명한 화약이나, 핵이나 인터넷은 순식간에 나쁜 일에 먼저 점령당했습니다. 무얼 먹어도 독을 만드는 독사처럼 인간의 손에 들어오면 악하게 되고 마는가 봅니다. 하나님이 선물로 주신 성이 장사꾼들에 의해 '재미있는 상품'이 되어 아이들을 공략하는 것을 막기 위해서라도 우리 부모들이 먼저 기독교적 입장에서 성교육을 적극적으로 해야 할 것 같습니다.

너는
내 짝꿍

따사로운 볕이 한가한 오후, 중랑천 산책로를 걷고 있었습니다. 옛날엔 판잣집과 코를 찌르는 악취로 유명했는데, 지금은 오리들과 논병아리들이 떠다니고 심심찮게 잉어들이 튀어 오르는 아름다운 하천이 되었습니다.

제 앞에 비둘기 두 마리가 앞서거니 뒤서거니 뒤뚱대며 가더니, 그중 한 놈이 부르르 떨면서 목의 깃털을 부풀리고 꼬리도 활짝 폈습니다. 수놈 비둘기였습니다. 쓰레기통 근처에서 빵부스러기나 주워 먹던 그 비둘기는 어디 가고 꽃미남처럼 미끈해진 수컷은 서부영화에 나오는 멋진 사나이처럼 암컷 앞에서 온갖 폼을 잡았습니다.

"오빠 어때? 멋지지?"

수컷이란 존재는 짐승이나 인간이나 청혼할 땐 모두 과장하는 경향이 있나 봅니다.

그러나 암놈 비둘기는 새치름하게 외면하더군요.

"결혼하면 알도 까야 하는데 직장이랑 집은 있는 거예요?"

수컷은 암컷 옆을 종종대고 따라갑니다. 적어도 열 번은 찍어야겠지요.

"오빠 못 믿니? 막노동을 해서라도 너와 우리 애들은 책임질 수 있다구."

아차, 이 대사는 80년대 버전이군요. 지금은 "둘이 벌면 먹고는 살지 않겠니? 애는 나중에 천천히 갖고……" 정도가 되겠습니다. 뭐 인간의 말로 옮겨 본다면 그렇다는 얘기지요.

중랑천변을 오가는 수많은 비둘기들을 보다가, 저 비둘기 두 마리는 뭐에 서로 꽂혔을까 문득 궁금해졌습니다. 같은 동네 비둘기라서 그럴까? 아니면 같은 모이를 먹다가 정이 들었나? 둘만 통하는 무슨 호르몬의 영향일까?

주위를 둘러보니 물 위에는 오리들이 쌍쌍이 떠다니고, 갈매기들도 듀엣으로 공중비행을 하는군요. 우리 눈에는 이들의 만남이 쉬워 보이지만 동물들도 짝짓기를 하려면 최선을 다해야 한다고 합니다. 큰 가시고기는 암컷을 위해 집을 짓고 그 입구에서 물구나무를 선 채 헤엄을 쳐야 하고, 춤파리 수컷은 꽃잎이나 꽃

받침으로 먹이를 싸서 공손하게 암컷에게 바쳐야 한답니다.

 우리 교회에서는 주위의 교회들과 연합해 미혼 청년들의 미팅을 주선하고 있습니다. 나이 삼사십이 넘도록 결혼을 안 하는 자식들 때문에 새벽부터 눈물로 기도하시는 부모님들의 애통함이 하나님께 상달되었나 봅니다. 교회 카페에서 매주 토요일마다 여섯 차례 만나는데 성과가 좋아서 벌써 몇 커플이 결혼에 성공했습니다.

 이 모임을 주관하시는 목사님은 하나님이 주신 남녀의 성적 매력을 어떻게 가꾸어야 하는지, 또 어떻게 자연스럽게 친해지는지 등에 크리스천 청년들이 매우 무지하다고 하시더군요. 신앙이 좋은 자매들은 여성적인 매력이 부족하고, 신앙이 좋다는 청년들은 사회적으로 능력이 좀 부족한 경우가 많다고 합니다. 또 드라마를 많이 본 탓인지 생각들이 공중에 붕 떠 있다고도 하시더군요. 하트 모양 풍선이 날아가고, 꽃길이 펼쳐지고, 폭죽이 터지는 환상적인 연애 이야기를 쓰는 작가들 가운데는 노처녀들이 많다는 걸 모르는 탓이겠지요.

 그럼 하나님이 주신 내 짝꿍은 어떻게 만나게 되는 걸까요? 우선 어떤 짝을 원하는지 구체적으로 기도해야 합니다. 처음엔 열

가지 스무 가지가 넘던 결혼 조건이 어느새 가장 중요한 한두 가지로 압축되지요. 크리스천이라면 일번으로 꼽는 그 원칙만큼은 절대로 바꾸지 말아 주세요. 급하다고 목적지가 다른 버스를 타면 중간에 내릴 수도 없고 크게 후회합니다.

그다음은 움직여야 하지요. 누군가 소개팅을 시켜 준다면 이런저런 조건을 내걸며 거절하지 말고 고맙게 받아들이세요. 바로 그때 하나님이 기다리셨다는 듯 내게 꼭 맞는 짝꿍을 보내 주십니다. 어때요, 참 쉽죠?

그러고 보니 저와 남편도 결혼한 지 근 30년이 되는군요. 둘 다 객관적으로는 별로 매력이 없는 사람들인데 '하나님의 은혜'로 첫눈에 반해 사랑에 빠졌습니다. 둘 다 직업도 없고, 미래는 불투명하다 못해 캄캄하기조차 했는데, '그럼에도 불구하고' 결혼을 했습니다. 장롱도 안 들어가는 단칸방에 텔레비전도 없이 시작한 가난한 부부였지만, '계산 없이' 아기 둘을 낳았습니다. 경제적으로 어렵고 성격 차이로 부딪쳐 싸우면서도 하나님이 주신 짝꿍임을 확신했기 때문에 절대 무를 생각을 안 했습니다.

살다 보니 짝꿍이란 돈, 외모, 사회적 지위 등등 남들이 정한 기준에 따라서 하는 게 아닌 것 같습니다. 제가 남편과 결혼하겠다고 하자, 팔남매 맏며느리로 들어와 고생하던 외숙모님이 저를 따로 부르셨습니다. "이 결혼 나는 절대 반댈세" 하시면서 말이지요.

"충청도 오남매 맏아들이면 부모님까지 쳐서 칠남매 딸린 홀아비와 결혼한다고 생각하면 돼. 거기에 제사가 열두 번이라면서? 동생들, 부모님, 돌아가신 조상들 뒷바라지하다 보면 너는 인생 끝이야."

남편 쪽 어른들도 제가 직업도 없는데다가 몸도 약해 보여 걱정을 했던 모양입니다. 그러나 우리 둘은 서로 좋아하는 것 하나 믿고 결혼을 밀어붙였습니다.

단언하건대, 저는 남편과 결혼한 것을 제 인생에서 최고로 잘한 결정이라고 생각합니다.

학교에서 돌아오는 초등생들이 둑 위로 난 길을 서로 툭탁대며 달려가네요. 예전엔 주로 남자애들이 여자애들을 못살게 굴었는데, 오늘 보니 여자아이가 신주머니를 휘두르며 남자애들을 쫓아갑니다. 여자들은 강해지고 남자들은 점점 예뻐지고……. 세상 풍속은 나날이 변하겠지만, 영원히 변하지 않는 것은 하나님이 이 세상을 남자와 여자, 암컷과 수컷으로 지으셨다는 것이지요. 진짜 '사랑'이 무엇인지 가르쳐 주시려는 하나님의 모략입니다.

혼자 살면 확실히 편합니다. 그러나 짝꿍을 만나 결혼하고 아이들을 낳아 기른다면, 감동과 재미가 넘치는 세상에 딱 하나뿐인 최고의 드라마를 하나님께 드릴 수 있을 겁니다.

02

하나님 아버지 모셨으니

남자는 고등학교 때 교회에 나갔습니다.

불행히도 그 교회는 분란이 일어나 둘로 갈라졌습니다.

똑같은 이름의 교회 두 개가 고집스럽게 한 동네에 섰습니다.

남자는 깊이 실망하고 교회에 발을 끊었습니다.

여자는 대학을 마치고 예수님을 영접했습니다.

늦게 시작했지만 뜨겁게 믿었습니다.

미신과 불교를 함께 믿던 여자의 어머니는

성경책과 찬송가책을 눈에 보이는 대로 내다 버리셨습니다.

한 집에 두 종교가 있으면 집안이 망한다고 하셨습니다.

여자는 하나님 믿는 남자와 결혼하기를 간절히 바라며

그 세월을 버텼습니다.

두 사람이 처음 만난 그다음 주일 아침,

남자는 낡은 성경을 옆구리에 끼고 버스정류장에서

여자를 기다렸습니다.

남자는 여자를 따라 다시 교회에 출석했습니다.

여자가 다니던 교회는

버스를 타고 한 시간쯤 걸리는 곳에 있었습니다.

말씀은 은혜로웠지만 너무 멀었습니다.

결혼을 하고 여자가 아기를 가졌습니다.

두 사람은 합의를 했습니다.

우리 가정의 교회를 새로 정하기로.

둘은 집에서 걸어갈 수 있는 동네의 작은 교회로 옮겼습니다.

주일학교 교사를 하면서 남자는 다시 신앙을 회복했습니다.

여자도 구역장과 교사를 했습니다.

아이 둘은 교회 마당에서 흙강아지들처럼

실컷 뛰놀며 커갔습니다.

두 사람 모두

유교와 불교 집안에서 태어나

그 가정에서 처음으로 하나님을 믿은 사람들입니다.

세월이 흘렀습니다.

어느덧 부모님들과 형제들 여럿이 예수님을 믿게 되었습니다.

하나님 안에서 또 다른 가족이 탄생하였습니다.

5분 만의
기적

"원, 목사부터 시간 약속을 지켜야지……."

새신자반 교육이 15분 지연되자, 후덥지근한 날씨에도 흰 셔츠에 양복을 단정하게 입고 앞자리에 앉아 있던 중년 남자가 다들 들으라는 듯 큰 소리로 불평을 했습니다.

이사 때문에 집 근처로 교회를 옮기게 된 저희 부부는 이 교회의 절차에 따라 새로 등록한 모든 교우가 꼭 들어야 하는 네 시간짜리 새신자 교육을 받으려고 앉아 있었습니다. 어떤 분들은 "평생 신앙생활을 한 내가 이 교육을 꼭 받아야 하냐"라며 항의를 한다고 합니다. 하지만 저는 진짜 다시 신앙생활을 시작하고 싶은 심정으로 교육을 기다렸습니다. 무식했지만 순수하고 뜨거웠던 처음 신앙에서 지금 얼마나 멀리 떨어져 나왔는지 제 귀로 듣고, 시건방져지고 영악해진 지금의 신앙생활을 회개하고 싶었습니다.

드디어 새신자 담당 목사님이 가쁜 숨을 쉬면서 들어오셨습니다.

"교재는 덮어 두시고요, 그냥 편안하게 제 말씀을 들어 주세요. 이따 끝나기 오 분 전에 오늘 교재에 나와 있는 모든 내용을 순식간에 마쳐 드리는 놀라운 기적을 보여 드릴 테니까요."

유머가 넘치는 그 목사님은 새 교회에 와서 어쩐지 뻣뻣하게 긴장하고 있는 새신자들을 정신 차릴 수 없을 만큼 웃기면서 예수님이 우리의 구원자이신 이유를 설명해 나갔습니다.

마지막으로 목사님은 오늘 죽으면 천국에 갈 자신이 있는 사람은 손을 들라고 하셨습니다. 구원의 확신이 있는 몇몇 성도들은 손을 높이 들었습니다. 저와 남편도 손을 들었습니다. 20년 전, 저희 부부가 세례를 받기 전에도 똑같은 질문을 받은 적이 있었습니다. 그땐 마땅히 손을 들어야 하는 줄 알면서도 차마 손이 올라가지를 않았었지요.

목사님은 손을 들지 않은 맨 앞자리의 한 노인에게 물었습니다.

"선생님은 천국이 있다는 걸 믿으십니까?"

"이 사람, 오늘 교회에 처음 나왔어요."

옆에 앉아 있던 그의 아내가 대신 대답했습니다.

"아, 그러십니까? 그래도 괜찮습니다. 선생님, 오늘 혹시 하나님이 부르시면 천국에 가고 싶으십니까?"

"천국이야 가고 싶지만 어떻게 내가……."

노인이 어눌하게 대답했습니다.

"그렇다면 내 힘으로는 천국에 죽어도 갈 수 없는데, 정말 능력이 있는 누군가가 옆에서 천국 가도록 도와주면 가실 수 있겠습니까?"

"그러면 갈 수 있겠지요."

"그 도와주시는 분이 하나님의 아들인 예수님이라면 오늘이라도 믿으시고 천국에 가실 수 있겠습니까?"

"그, 그, 그러면 믿고 갈 수 있겠습니다."

노인의 얼굴이 환하게 달아올랐습니다. 누가 들어도 진심에서 우러난 고백이었습니다. 한 사람의 운명이 순식간에 바뀌는 순간이었습니다.

"됐습니다. 이젠 천국에 가실 수 있게 되었습니다."

조마조마한 심정으로 대화를 듣던 저희들의 눈시울이 다 뜨거워졌습니다.

오랜 세월 남편을 위해 기도하다가 그날 처음으로 남편을 교회에 데리고 나온 그의 아내가 이 놀라운 기적 앞에서 먼저 울음을 터뜨렸습니다. 뒷자리에 앉아 있던 딸도 같이 울었습니다. 목사가 늦는다고 까탈을 부리던 그 아저씨도 눈물을 흘렸습니다. 죽음이 머지않은 한 사람의 영혼이 구원을 확신하는 데 든 시간은 5분이 채 안 되었습니다.

위암이 췌장으로 전이되어 더는 수술도 할 수 없는 상태로 죽음을 기다리고 계시던 시아버님과 남편이 점심상을 같이 하고 있었습니다. 조상을 받드는 일에 전심을 다하시던 시아버님은 굳이 예수님을 믿지 않더라도 조상의 음덕으로 당신만큼은 당연히 좋은 곳에 갈 수 있다고 믿고 계신 듯했습니다. 그러나 저희는 아버님이 꼭 세례를 받고 임종을 맞으시길 기도하고 있었습니다.

"아버님, ……이번 주일엔 교회에 나가시지요."

남편이 참으로 어렵게 입을 떼었습니다. 가뜩이나 언변이 없는 남편의 등은 긴장으로 땀이 흐르는 듯했습니다.

그런데 아버님은 너무도 쉽게 "그러마" 하셨습니다.

대화는 2분도 채 안 되었습니다. 그러나 이 간단한 대화가 시아버님을 천국으로 인도했으며 시댁을 향한 전도의 문을 열리게 해주었습니다.

시아버님은 그 후로 몇 번밖에 교회에 나오실 수가 없었습니다. 병세는 점점 위중해 갔습니다. 그러나 목사님의 배려로 특별

세례를 받게 되셨습니다.

　단정한 양복차림을 좋아하시던 아버님은 퉁퉁 부은 발 때문에 구두를 구겨 신으신 채 우리 가족과 장로님들이 지켜보는 가운데 교회에서 세례를 받으셨습니다. 그리고 얼마 후, 당신의 장례를 기독교식으로 치르고, 제사는 추도식으로 하라는 유언을 남기고 하늘나라로 가셨습니다. 아버님의 유언은 신앙이 다른 형제들과 친척들 사이에 일어날 수 있었던 분쟁을 막아 주었고, 장손으로서 떠맡아야 했던 모든 유교적 관습으로부터 저희 부부를 자유롭게 해주었습니다.

　"당신의 나라에 임하실 때에 나를 기억하소서."
　"내가 진실로 네게 이르노니 오늘 네가 나와 함께 낙원에 있으리라."
　예수님은 돌아가시기 전 십자가에 같이 달린 한 강도의 신앙고백을 들으시고 그야말로 '아무 조건 없이' 천국을 허락하셨습니다. 실컷 죄를 짓다가 죽기 바로 직전에 회개하고 졸지에 천국자리를 확보한 그 강도가 예전엔 썩 맘에 들지 않았습니다. 그러나 죽기 직전에도 얼마나 많은 사람들이 이 간단한 고백조차 거부하는지 아는 지금은, 5분도 안 되는 이 십자가상의 신앙고백이 얼마나 큰 기적이며 얼마나 놀라운 은혜인지 깨닫고 있습니다.

새로 이사 온 아파트의 옆집들이 모두 교회에 나가지 않는 것을 알고 저는 전도의 문이 열리도록 기도하고 있습니다. 순식간에 천국과 지옥이 갈리는 기적의 순간을 곧 볼 수 있기를 기대하면서 말입니다.

내일의
운세

"궁금해서 전화 걸었어요. 성수동 그 집에서는 뭐라고 합디까?
오, 의대는 안 된다고? 팔자에 칼이 네 개 들었다고? 그래서 공
대 쪽으로? 목동 점쟁이하고 말이 같아요? 다른 것도 있고…….
한 군데 더 가봐서 같은 점괘가 나온 대로 결정한다구? 같이 간
엄마들은 뭐라고 해요? 목동 쪽이 더 나은 것 같다구……. 마음
에 있는 것을 그대로 그려 낸다구? 잘 안 들려요? 지금 나 전철
안이야……. 이따 다시 걸게요."

전철 안 제 옆자리에 앉은 엄마가 심란한 표정으로 전화를 끊
습니다. 아마도 대입을 앞둔 아들의 미래가 걱정되어서 여러 엄
마들과 함께 여기저기 유명하다는 점집들을 찾아다니며 어디가
더 용한지 재보고 있는 중인 것 같습니다.

이 장면이 제겐 그리 낯설지 않습니다. 저희 친정엄마는 교회에 다니시기 전, 대한민국의 유명한 점쟁이는 전국적으로 다 섭렵하고 계셨습니다. 새해에는 지방의 이름난 점쟁이 집 앞 여관에서 며칠 밤을 묵으면서 순서를 기다려 점을 보기도 하셨고, 아버지의 승진이나 애들 입시 같은 큰일을 앞두고는 꼭 용타는 점쟁이가 권하는 대로 학교를 정하기도 하고 부적을 써가지고 오기도 하셨지요.

저희 집에는 현관부터 붉은 경명주사로 꼬불꼬불 쓴 부적이 붙어 있음은 물론이고, 심지어 베갯속, 속옷 아랫단, 겉옷 주머니에도 예외 없이 작게 접힌 부적들이 들어 있었습니다.

"여보, 올핸 허씨, 권씨 성을 가진 사람을 주의하랍디다. 그리고 당신 이름을 바꿔야지 그 이름 가지고는 운이 막혀서 승진이 안 된대요. 그래서 '이학상'이라고 이름을 새로 받아 왔어요. 윤권이도 '윤관'으로 바꿔야 한대요. 이제부터 집에서는 그렇게 부르고 친구들한테도 그렇게 부르라고 해라. 사람들이 많이 불러 줘야 효험이 있대. 문패도 바꾸라는데 그럼 우체부한테도 얘기를 해줘야 하나? 윤권아, 아니 윤관아, 목마르다, 물 한 컵 떠와라."

며칠 못 가 이학상, 이윤관 같은 익숙지도 못한 새로 바뀐 이름 부르기는 엄마부터 흐지부지되어 버리고, 부적의 효험도 없이 아버지는 승진에서 누락되고, 애들은 번번이 대학입시에 실패했습니다. 하지만 엄마는 여전히 매년 더 용한 점쟁이를 찾아내서 가시고는 했지요.

저는 딱 한 번 운세를 보는 곳에 가보았습니다. 앞날이 막막하던 대학 4학년 늦은 가을 어느 날이었을 겁니다. 예수님을 몰랐던 시절이었으니 용서가 되겠지요?

명색이 장로 딸인데 무늬만 크리스천이던 내 친구가 아현동 굴레방 다리 밑에 아주 용한 여자가 있는데 한 번 가자고 했습니다. 점이라면 이미 엄마가 다 보고 와서 별로 궁금한 것도 없고, 또 대학까지 다니는 마당에 점집 문을 열고 들어간다는 것부터 내켜하지 않는 제게, 친구는 그 여자는 철학으로 인생을 풀어 주는 데다 남편이 전도사라 믿는 사람들도 많이 온다는 의심스런 말까지 동원해서 저를 설득했습니다.

자그마한 한옥 안방에 앉아 있는데 파마를 한 젊은 아줌마가 들어오더군요. 그리고 생년월일과 시간을 묻더니 이것저것 앞날을 예언하기 시작했습니다. 이제는 맞았는지 틀렸는지도 다 잊어버린 얘기들이지요. 지금 생각하면 정말 평범하기 짝이 없는 점괘를 듣느라 제 한 달 용돈의 반에 해당하는 복채를 냈습니다. 그 뒤로는 그런 곳을 찾은 적이 없습니다. 특히나 예수님을 믿고 나서는 신문에 실리는 '오늘의 운세'도 들여다보지 않습니다.

제가 나이를 먹어도 시집을 못 가자 마음이 급해진 엄마는 범인의 행방도 점을 쳐 잡게 해줘 경찰에서 받은 감사장으로 벽을 도배했다는 유명한 구로동 점쟁이 집에 가 부적을 써가지고 오셨습니다. 그리고 제 살이 닿는 속옷과 베개에 꿰매 넣으셨습니다.

그런데 이상한 일이 생겼습니다. 예전에는 주렁주렁 달고 다녀도 아무렇지도 않았는데, 예수님을 막 영접해서 눈물을 쏟으며 성경을 읽던 그때는 그 부적들이 불편해지기 시작했습니다. 가슴이 답답하거나 한 그런 육체적인 증상이 있었던 것은 아니지만, 하나님 아니면 부적 중 하나를 택해야 할 것 같은 무거운 부담감이 마음을 짓눌렀습니다. 이제는 제가 예수님의 제자가 되었다는 것을 하나님 앞에서 확인시켜 드려야 할 때가 되었다는 예감마저 들었습니다. 그러나 귀신이 얼마나 힘이 세고 해코지를 잘하는지를 엄마에게서 누누이 들어온 제가 감히 부적을 없앤다는 것은 두렵기 짝이 없는 일이었습니다. 그러나 저는 결단을 해야 했습니다.

벧엘로 올라가기 전, 야곱은 자기 식구들이 가지고 있었던 모든 이방 신상들을 모아 세겜 근처 상수리나무 아래 묻었습니다. 기드온은 자기 아버지 집의 바알의 단을 헐고 단 곁의 아세라 상을 찍었습니다. 저도 그런 심정으로 제가 가진 모든 부적을 하나 하나 모았습니다. 그리고 '죽으면 죽으리라'는 비장한 심정으로 활활 타는 연탄 불 위에 던졌습니다. 부적들은 빨간 불꽃을 일으키며 화르륵 타버렸습니다.

시험 하나를 통과한 것 같았습니다. 시집을 가든지 못 가든지, 죽든지 살든지, 어쨌거나 하나님 편에 서겠다는 담대한 신앙의 한수를 배운 것 같았습니다. 처음부터 용사가 어디 있겠습니까? 크고 작은 전쟁을 치르면서 태어나는 것이겠지요.

몇 년 뒤, 저의 친정엄마도 교회에 나가시기 시작했습니다. 그리고 수십 년 동안 매년 행사처럼 드나들던 점집에도 발을 딱 끊으셨습니다. 누가 점 얘기를 할라치면 손사래를 치면서 이렇게 말씀하시지요.

"아휴, 내 앞에서 점 얘기는 꺼내지도 말우. 내가 유명한 점집 치고 안 가본 데가 없는 사람이야. 토정도 제 죽을 날을 몰랐고, 유명한 작명가가 자기 집이 도시계획으로 헐릴 줄도 몰랐다니까. 다 소용없어."

당연한 일입니다. 미래가 정해 있다면 하나님이 '네가 이리 행하면 복을 줄 것이요, 저리 행하면 저주를 내리리라'는 말씀을 하지 않으셨을 것입니다. 그러니 미래는 오늘 내가 하나님 앞에서 어떻게 사느냐에 따라 정해지는 것이 아니겠습니까? 그리고 필시 좋은 일보다는 나쁜 일에 신경이 더 쓰일 앞날을 미리 아는 것이 인생에 무슨 도움이 될까요. 겁에 질려 지레 죽을 뿐이지요. 미래를 모르게 하신 것은, 인간의 연약함을 잘 아시는 하나님의 속 깊은 사랑입니다.

저 모퉁이를
돌면

2천 년의 시작을 카운트다운하며 갖가지 기대와 우려로 마음이 심란하던 때가 있었습니다. 1999년 12월 31일이었습니다. 어떤 이들은 하룻밤만 지나면 세상에 큰 재난이 일어날 것이라고 예고했습니다. 컴퓨터가 2000년을 해독하지 못해 공중에서는 비행기가 부딪치고, 지상에서는 핵무기가 발사될지도 모르며, 어쩌면 가스와 물도 공급이 중단될 거라고 했지요. 해외토픽에서는 지구 멸망을 대비해 지하벙커를 지은 사람이 소개되기도 했습니다. 저는 그 벙커에서 혼자 살아남느니 사랑하는 사람들과 같이 죽는 게 나을 것 같다는 생각을 했지만요. 어쨌든 새해를 향한 환희와 기대보다는 닥쳐올 무서운 환난의 소식 때문에 불안하고 떨리던 연말이었습니다.

제법 이성적이라고 자부하던 저는 가족들에게 "괜찮을 테니 걱정 말라"고 큰소리를 쳤지만, 지구 멸망의 날 이틀 전인 12월 30일 아침, 24시간 영업을 하는 대형 슈퍼마켓에 가서 부탄가스 다섯 개와 라면 열 개를 슬그머니 사들고 말았습니다. 지금 그 부탄가스는 밑에 녹이 슬어 갖다 버렸지만, 그땐 짐차가 부려 놓기가 무섭게 동이 나버렸던 최고 인기 품목이었지요. 사람들은 초코파이부터 포장된 밥까지 비상식량이라고 생각되는 모든 것들을 대형카트에 가득 싣고 우왕좌왕했습니다. 제 앞에서 계산을 하시던 꼬부랑 할머니는 라면 다섯 개와 빵 두 봉지, 그리고 어렵게 얻은 부탄가스 한 개를 소중하게 꾸려 허리에 묶은 후 지팡이에 의지해 겨우 걸어가셨습니다. 정말 인간은 난리의 소문만 듣고도 공포로 인해 지레 죽을 수 있는 너무도 허약한 존재였습니다.

요란했던 소문과는 달리 1999년 12월 31일은 아무 일도 일어나지 않은 채 슬그머니 지나가고 말았습니다. 마치 모퉁이를 돌기 전엔 나를 기다리고 있는 것이 무엇일까 불안하지만, 막상 돌고 나면 좋고 나쁘고 슬프고 기쁜, 평범한 일들이 여전히 우리를 맞아 주는 것과 같지요.

오래전의 일입니다. 1980년 12월, 구세군의 종소리가 캐럴과 크리스마스트리 장식이 요란하던 명동 한복판에서 절렁절렁 울리고 있었습니다. 사람들은 괜히 들떠서 분주하게 지나다니고 있었지요. 저는 명동성당 밖 구석진 곳 차가운 돌 의자에 혼자 앉아 있었습니다. 제가 기자로 근무하던 잡지사에 광고를 내는 회사 사장에게 연말선물을 전하고 회사로 돌아가던 길이었습니다. 오후 5시, 짧은 겨울 해가 회색 건물들 사이로 스산하게 내려앉고 있었습니다. 눈물이…… 눈물이 그치질 않았습니다.

아버지께서 다니시던 회사가 부도위기에 몰리자 사장은 우리 집을 회사의 담보물로 내놓으라고 요구했습니다. 재산이라고는 집 한 채뿐인 아버지는 이를 거절하고 회사를 그만두고 말았습니다. 50이 넘은 아버지께서 재취업하기는 불가능했습니다. 불행은 같이 온다고, 집에서 넘어진 어머니는 다리 두 군데가 부러져서 허리까지 깁스를 한 채 누워 계셨습니다. 대소변도 받아 내야 했지요. 작은 회사에 취직한 여동생은 업무가 맞지 않아 매일 울었습니다. 아무래도 더 다니다가는 병이 날 것 같았습니다. 남동생은 재수생이었습니다. 저 역시 기자 생활이 힘들어 이제나저제나 그만둘까 벼르고 있었는데, 이젠 얼마 되지 않는 봉급에 목을 매야 할 처녀가장이 되었습니다. 그것이 너무도 비참했습니다. 먹고살기 위해 싫은 일을 억지로 한다는 것이.

앞날은 힌트 하나 없이 깜깜했습니다. 뒤로 물러설 여유도 없었습니다. 저는 절망이라는 덫에 갇혀 으르렁대며 출구를 찾았지만, 제가 해결할 수 있는 일은 하나도 없었습니다. 돌 의자에 주저앉자 일어설 힘이 없었습니다.

저는 어둠 속으로 무언가 잡기 위해 손을 뻗었습니다. 눈도 못 뜬 갓난 강아지가 목숨 걸고 엄마 젖을 찾듯 헤적대며 기를 썼습니다.

'하나님……'

기다렸다는 듯 참았던 눈물이 터졌습니다. 머리로는 예수님을 믿었지만 가슴이 열리지 않았던 저의 마지막 울타리가 우르르 무너졌습니다. 고통과 눈물 가운데 하나님은 너무도 뚜렷하게 존재하고 계셨습니다.

"울지 마라, 울지 마라……."

누군가 어깨를 다독이는 것 같았습니다.

한 시간쯤 흘렀습니다. 거리는 어두웠습니다. 돌 의자의 한기는 뼛속까지 저려 왔습니다.

'그래. 저 모퉁이만 돌아보자……'

어쩐지 며칠 안 남은 이 해의 모퉁이를 돌면, 무언가 나은 일이 기다릴 것 같은 예감이 들었습니다. 혼자 울다가 혼자 눈물을 훔치며 일어나는 아이처럼 조금 더 어른이 된 채 저는 언덕길을 내려왔습니다. 그리고 집으로 갈 차비만 빼고 주머니에 있던 돈을 모두 꺼내 구세군 냄비에 넣었습니다.

'주여, 저를 불쌍히 여기소서······.'

그다음 해, 저를 힘들게 했던 일들은 하나님 보시기에 급한 순서대로 하나씩 풀려 가기 시작했습니다. 먼저 여동생은 다른 회사로 옮겨 결혼할 때까지 다니게 되었습니다. 남동생은 무사히 대학에 들어갔습니다. 어머니는 아직까지도 비밀에 부치고 계실 만큼 몸무게가 늘었지만, 부러진 뼈들은 무사히 붙었습니다. 아버지는 봉급이 예전만은 못했지만, 마음 편한 작은 회사에 재취업을 하셨습니다. 저는 이 모든 일이 다 마무리된 뒤, 대학원에 진학하기 위해 잡지사를 그만두었습니다.

그 뒤로 저는 여러 번 인생의 모퉁이를 돌았습니다. 취업, 결혼, 출산, 퇴직, 어려운 가정 경제, 부부싸움, 암에 걸린 양가 아버님들의 소천, 병에 걸린 형제 등. 멀리서 보면 마치 막다른 담 같아 암담해 보였던 일들에 용기를 내어 맞부딪치려고 가까이 가 보면 바로 옆에 돌아가는 길이 조그맣게 나 있었습니다. 그리고 모퉁이를 돌면, 여느 때처럼 견딜 만한 슬픔과 그래서 더 감격스러운 기쁨이 기다리고 있었습니다.

이제는 미래를 바라보며 옛날처럼 불길한 예감으로 스스로를 괴롭히지 않습니다. 제게 제일 좋은 것으로 하나님이 채워 주신

다는 것을 알았기 때문이지요. 혹 당장은 좋아 보이는 일이 아닐
지라도 언젠가 올 가장 좋은 일을 위한 준비운동 같은 거겠지요.
염려는 하나님의 사랑과 능력을 의심하는 것 아니겠어요?

"그러므로 내일 일을 위하여 염려하지 말라. 내일 일은 내일
이 염려할 것이요 한 날의 괴로움은 그날로 족하니라"(마태복음
6:34).

골짜기
백합

숲 속을 거닐면 계절에 따라 그 향기가 다릅니다. 봄에는 진달래, 산수유를 스쳐온 가벼운 바람향기가 납니다. 마치 아가들 볼에서 나는 것 같은 달콤한 향이지요. '살아 있음을 기뻐하라, 기뻐하라'라고 속삭여 주는 것 같습니다.

여름에는 우거진 나무의 신선한 생명의 향기가 납니다. 비 온 뒤 여름 숲 속을 거닐면 '둥둥' 울리는 청년의 힘찬 심장 고동 소리가 들릴 것만 같습니다. 힘이 울근불근 솟아나는 그 향은 "열심히 달려. 뒤돌아보지 마" 하고 소리쳐 주지요.

가을이 짙어지면 낙엽 냄새가 마음을 가라앉혀 줍니다. '겸손하라, 겸손하라.' 밟을 때마다 발밑에서 부서지는 낙엽들이 제게 경고를 보내지요.

살아 있는 것들은 모두 생명의 날이 끝나고 하나님께 돌아갈 날이 있다는 그 경고가 젊었을 땐 두려움으로 다가왔습니다. 그러나 나이가 들면서 죽음이란 단어가 몸에 잘 맞는 옷처럼 편안해졌습니다. 인생이 무한질주가 아니라 골인 지점이 있고 그 뒤엔 휴식이 있는 경주라는 것이 얼마나 큰 축복인가요.

미국 최초의 미얀마 선교사인 아도니람 저드슨은 "수업이 끝나 신 나서 교문을 뛰어나오는 학생"처럼 죽음이 즐겁다고 했습니다. 솔로몬도 전도서에서 초상집에 가는 것이 잔칫집에 가는 것보다 낫다고 했지요.

언젠가부터 아침마다 오르는 초안산 어느 나무 밑에 이르면 쿡 하고 찌르는 듯한 향기가 났습니다. 그 향기는 바람을 타고 오래오래 제 뒤를 따라오기도 하고 어느 땐 쌀쌀맞게 숨어 버리기도 했지요. 남편은 칡 향이라고 했고 어떤 이는 참나무 향이라고도 했습니다.

어느 날, 늘 오르던 등산로가 아닌 길로 들어섰을 때 그 향기의 비밀을 알게 되었습니다. 한 무더기의 백합꽃이었지요. 다 합해서 열 송이쯤 되었을까요. 그 적은 꽃들이 숲 속 전체에 그토록 아름다운 향기를 채워 주고 있었습니다.

100세 생신을 20여 일 앞두고 저의 외할머님이 소천하셨습니다. 예수님을 영접하고 정확하게 두 달 만이지요. 예수님을 구주로 고백하시고, 성찬 예식도 하셨고, 평생을 의지하셨던 스님에게 이제 자손들을 따라 기독교를 믿게 되었으니 더 이상 우리 집에 오지 말라는 말씀도 하셨지만, 저는 100세가 된 외할머니가 진짜 예수님을 믿으시는 걸까 의심하기도 했습니다. 그러나 인생 마지막에 외할머니는 둘째 딸인 제 친정어머니가 뵈러 가면 손을 잡고 기도를 하셨다고 합니다. 아주 또렷하게 "예수님, 우리 딸을 축복해 주세요. 건강하게 해주세요. 예수님 이름으로 기도드립니다" 하고 말입니다.

아무리 생각해도 놀라운 하나님의 은혜요 기적일 따름입니다. 성찬을 받은 지 얼마 뒤 치매가 시작되어 며칠 동안 사람을 못 알아보시기도 했지만, 마지막은 평안히 하늘나라로 가셨습니다.

1907년, 을사조약과 한일합병 사이에 태어나신 외할머니는 한국 현대사에 등장하는 굵직한 사건들을 다 겪어 내셨습니다. 그 고난 속에 팔남매를 기르시느라 겉모습은 천생 여자셨지만 속은 대장부 같으셨지요.

저는 어릴 때 외갓집에서 자랐습니다. 외할머니는 저를 아주 예뻐하셨는데 그 이유가 제 모습이 당신의 친정어머니를 꼭 닮았기 때문입니다.

"넌 꼭 우리 어머니다. 목소리도 그렇고 약해 빠진 게 등이 좀 굽은 것도 그렇고……."

외동딸로 사랑을 많이 받으셨던 할머니는 저를 보며 평생 병약하게 지내셨던 당신의 어머님을 떠올리셨습니다. 불교 신자였던 외할머니는 저를 당신의 친정어머님의 환생이라고 믿으셨는지도 모릅니다.

외할머니의 장례식장은 백합꽃 향기로 가득했습니다. 감격적인 새 이름 '성도 오산옥'이란 명패 앞에서 우리는 입관예배, 발인예배를 드렸고 찬송을 불렀습니다.

외할머니를 묻고 슬픈 마음으로 내려오는 길이었습니다. 논위로 시원스레 바람이 불어왔습니다. 벼들이 푸른 물결처럼 이리저리 출렁거렸습니다. 마치 늙고 꼬부라지고 병든 육신을 벗고 하나님 나라에 가신 우리 외할머니께서 "얘들아, 나 이렇게 자유롭고 편안하단다. 그러니 슬퍼하지 마라" 하고 말씀하시는 것 같았습니다.

100년 동안의 삶 가운데 겨우 두 달 동안 크리스천으로 사신 외할머니는, 짧지만 강렬한 크리스천의 향기를 풍기고 돌아가셨습니다. 숨어서 피었다가 아무도 모르게 진 한 송이 백합화였습니다.

그 청년

'그 청년'이 본격적으로 우리 집에 와서 산 것은 '그 청년'이 초등학교 4학년 때였습니다. '그 청년'의 어머니는, 개밥을 주러 나가다가 현관 타일에 미끄러져 다리 두 군데에 골절상을 입으신 저의 어머니를 대신하여 우리 집 살림을 보살피고 있었습니다. 그때 저는 대학을 막 졸업하고 잡지사에 다니며 힘든 날들을 보내고 있었고, 제 여동생은 회사를 다니느라, 남동생은 재수생이라 어머니를 돌봐 드릴 수가 없었습니다.

'그 청년'은 얼굴에 마른버짐이 핀 까맣고 비썩 마른 소년이었습니다. 눈이 크고 순한 자기 어머니를 닮지 않고, 알코올중독자인 그의 아버지를 닮아 작고 위로 째진 곱지 않은 눈이 보기에도 밉살스러웠습니다. 한창 말썽을 일으킬 나이라 하는 짓도 미운 짓만 골라 했습니다. 우리는 그 아이가 너무 성가셔서 몇 정거장 떨어진 자기 집으로 쫓아 보내기에 바빴습니다.

　저의 어머니의 다리가 다 나은 후에도, '그 청년'의 어머니는 자주 우리 집에 드나들었습니다. '그 청년'은 더 말 안 듣는 중학생이 되었습니다. 얼굴에는 불량기까지 돌았습니다. '그 청년'의 어머니는 조금 지능이 떨어지는 분이었습니다. 사춘기의 아들은 모자란 어머니에게 눈을 독하게 뜨고 흘겨보기도 하고 노골적으로 무시하기도 했습니다. 술만 마시면 사람이 표변해 아내를 때리는 그 아버지의 성품까지 닮아 갔는지도 모르겠습니다. 그래도 그 어머니는 자식을 가르치려는 교육열이 있어 제게 아들의 공부 지도를 부탁해 왔습니다. 저는 '그 청년'을 데리고 영어를 가르쳤습니다. 'elephant'를 '얼레빤스'라고 끝까지 우기며 발음하던 '그 청년'은, 머리는 좋지만 공부를 할 녀석은 아닌 듯했습니다. 커서 사람 노릇이나 하겠나 싶었습니다. 그때 제 생각은 그랬습니다.

　어느 날 저는 제 책상을 정리하다가, 은으로 만든 고등학교 졸업반지와 대학 졸업할 때 사촌오빠에게 받은 파카 만년필 세트, 그리고 경주 수학여행 때 동생이 선물로 준 연수정 조각들이 없어진 것을 알았습니다. 보나마나 거기에 손을 댈 사람은 그 녀석

밖에 없었습니다. 그리고 며칠 후 눈치 없는 그의 어머니 손가락에 제 졸업반지가 척하니 끼어 있었습니다. 그 어머니는 아들이 길에서 주운 것이라며, 우리 집에 갈 때는 절대 끼지 말라고 했다는 말까지 전했습니다. 그때 저는 막 예수님을 영접하여 마음에 맺힌 것들이 다 풀리고 말 못할 기쁨의 강이 흐르고 있었습니다. 저는 어쩐지 아무 말 없이 그냥 웃고 넘어가고 싶었습니다.

'그 청년'은 공업고등학교에 들어갔습니다. 술값보다 자식 가르치는 돈을 아까워하던 청년의 아버지는 번번이 책가방을 갖다 버렸지만, 그의 어머니는 봉제공장에서 실밥을 뜯으며 학비와 생활비를 벌었습니다. '그 청년'은 손끝이 야물었습니다. 공업학교 전자과는 그의 적성에 잘 맞았고, 청년은 조금씩 달라졌습니다. 아마 그 즈음부터 '그 청년'은 동네 교회에 본격적으로 출석했던 듯합니다.

'그 청년'은 자격증을 따서 졸업 전에 이미 전자회사에 취직했습니다. 80이 넘은 '그 청년'의 외할아버지와, 사진기를 가진 저는 잠깐 틈을 내어 그의 졸업식에 가서 이젠 키가 훌쩍 자라 버린 '그 청년'의 졸업을 축하했습니다. 쓸쓸한 졸업식이었습니다. 그의 어머니는 그날도 공장에 가야 했기 때문이었지요.

'그 청년'은 사회생활을 하면서 느낀 점이 많았습니다. 특별히 대학을 가야겠다는 결심을 했습니다. 그러나 어머니 혼자 버는 돈으로는 생활비도 빠듯했습니다. 그의 아버지는 이젠 간경화로 앓아누워 있었습니다. 그러나 '그 청년'은 야간 전문대학 전자과에 진학해서 낮에는 돈을 벌고 밤에는 공부하는 고단한 여정을 시작했습니다. 그리고 죠이(JOY)라는 선교단체에 들어가 자신의 신앙도 훈련하기 시작했습니다. 그의 감때사납고 불량하던 눈도 살포시 고운 빛이 돌아오고 있었습니다.

'그 청년'은 2등으로 대학을 졸업했습니다. 낮에 회사 다니느라 힘들었던 그는 마지막 시험을 망쳐 1등을 놓쳤다고 아쉬워했습니다. '그 청년'은 대학 졸업생이 되어 더 좋은 회사로 옮겼습니다. 그러나 혼자된 늙고 가난한 어머니를 두고 군대에 가야 했습니다. '그 청년'의 어머니는 여전히 공장에 다니면서 아들을 기다렸습니다. 집에서보다 군대에서 먹는 것이 훨씬 좋다던 '그 청년'은 더욱 건장해지고 믿음도 좋아져서 제대했습니다. '그 청년'은 복직하기 전에 어머니의 소원이던 연탄보일러와 싱크대를 놓아 드렸습니다. 달동네 판잣집에서 '그 청년'은 이제 꿈꾸어 오던 항해에 막 오르려 하고 있었습니다.

오전 내내 무섭게 쏟아지던 장맛비가 개고 잠깐 나온 해가 찌는 듯 더운 7월의 어느 날 오후였습니다. '그 청년'이 동료와 함께 회사 일로 출장을 가다가 차가 비에 미끄러져 중앙선을 넘어가 사망했다는 전화가 왔습니다. '그 청년'의 어머니도 얼마 전차에 치여 중상을 입고 병원에 입원 중이었습니다. '그 청년'은 어머니가 입원한 병원에서 먹고 자며 회사에 다니고 있었습니다. 그날도 일찍 돌아오겠다며 나갔다는데 그만 영영 돌아오지 못하고 말았습니다.

'그 청년'의 유품을 정리하러 난곡동 꼭대기의 허름한 집에 갔습니다. 새로 들인 싱크대가 반짝반짝 빛났습니다. 장롱 안에는 회사에 첫 출근하며 입었던 감색 양복이 아직도 새 것인 채 걸려 있었습니다. 그의 서랍장을 열어 보았습니다. 몇 권의 앨범과 졸업장, 군대 기념패, 도서상품권, 그리고…… 그리고 제게서 가져간 파카 만년필 세트가 깨끗이 포장되어 있었습니다. 언젠가 돌려주리라고 생각했는지도 모르지요. 저는 눈물이 흘렀습니다.

'그 청년'은 화장되어 어릴 때부터 올라가 놀던 뒷산 언덕에 뿌려졌습니다. 저는 유품들을 '그 청년'의 친구들에게 골고루 나누어 주었습니다. 며칠 뒤 다시 가본 그 집에는 '그 청년'의 죽음을 모르는 편지들이 수북이 쌓여 있었습니다. 선교단체의 소식지와 전화요금고지서, 그리고 어떤 자매가 보낸 분홍색 안부편지도 있었습니다. 그의 신산스런 스물 몇 해가 그렇게 짧게 막을 내렸습니다. 약지 못한 과부 어머니를 홀로 남긴 채……

시시한 죽음이었습니다. 생때같은 과부의 두 아들들(그날 같이 간 동료 역시 과부의 아들이었습니다)이 죽었는데 세상 신문의 말단에도 실리지 않은 그런 죽음이었습니다. 그러나 '그 청년'을 세상에 보내신 그분은 마치 다윗을 맞으러 나오시듯 친히 천국 문 앞에서 기다리셨을 것입니다.

살아 있었으면 이제 마흔을 넘긴 아빠가 되어 있을 '그 청년'의 이름은 최만재. 제 이종사촌 동생입니다.

아하,
그랬구나!

제가 대학교 4학년 때였습니다. 집에서 조용히 살림만 하시던 엄마가 어느 날부터 눈에 띄게 달라지셨습니다. 돈 100원도 살뜰하게 쪼개 쓰시던 분이 갑자기 베이지색 모직투피스를 쫙 맞춰 입고, 바바리코트에, 손에는 생전 끼지도 않던 반지까지 끼고 외출을 하셨습니다. 아침 일찍 나가면 밤이 되어서야 들어오실 때도 있었습니다.

밥도 없고, 연탄불은 꺼져 있고, 개수대에 설거지거리가 그냥 쌓여 있는 집 꼴을 보며 우리는 점점 엄마에게 화가 났습니다.

그때나 지금이나 얌전하던 주부가 갑자기 변하면 그건 무언가 심상치 않은 일이 생긴 겁니다. 아무래도 엄마가 당시 중년 부인들 사이에 은밀히 성행하던 춤바람이 든 것은 아닐까 의심이 들었습니다.

'우리 집은 이제 망했구나.'

저는 덜컥 겁이 났습니다.

드디어 엄마에게 저는 거세게 대들었습니다.

"엄마, 도대체 어디를 나돌아 다니시는 거예요? 집이 이게 무슨 꼴이에요?"

엄마의 대답은 의외였습니다.

"언제까지 엄마가 답답하게 집에만 박혀 있어야겠니? 나도 이제 내 생활 해야겠다. 다른 사람들 만나 세상 돌아가는 것도 듣고, 배우기도 하고, 이웃에 봉사도 하고……."

엄마는 그 지역에 새로 생긴 주부클럽연합회에 가입하셨던 것입니다.

얼마 못 가 그만두셨지만 확실한 것은 엄마가 예전과는 많이 달라지셨다는 것이지요. 번쩍번쩍 장식이 요란한 원색 옷을 입고, 목소리가 커지고, 우울해하고, 울컥 화를 내고……. 그땐 몰랐었습니다. 왜 엄마가 그런 행동을 하는지 말입니다. 저는 엄마를 비웃기도 하고 비난도 했지만 어쩐지 가여운 마음도 들었습니다.

그즈음, 평생 퇴근 시간을 어긴 적이 없던 아버지께서 아무 연락도 없이 집에 들어오시지 않았습니다. 알고 보니 아버지는 회사에서 퇴출위기에 몰려 있었고, 거액을 빌려 주었던 친한 친구는 행방을 감춘 상태였습니다. 우리 식구는 별별 흉한 상상으로 잠을 잘 수가 없었습니다. 늘 그 자리에 그림자처럼 앉아 계시던 아버지의 존재가 그때처럼 크게 느껴졌던 적은 없었습니다. 마치 든든한 성벽이 하루아침에 사라져 버리고 허허벌판에 우리 식구만 우두망찰 서 있는 것 같았습니다.

성인이 되도록 아버지에 대해 별 관심이 없었던 저는 너무도 마음이 아팠습니다. 만약 살아서 돌아오시기만 한다면 그동안 못했던 사랑을 평생 해드리겠다고 몇 번이나 다짐하며 기도했는지 모릅니다.

'그깟 회사, 그깟 돈, 다 없어져도 괜찮으니 아버지 꼭 돌아오세요. 저희들이 무슨 일이든 할 테니까 그저 살아만 계세요.'

이틀 후, 아버지는 아무렇지도 않은 듯 집에 돌아오셨습니다. 마음이 복잡해서 훌쩍 산에 다녀왔다고 하셨습니다. 우린 아무 말 없이 눈물로 아버지를 맞이했습니다. 평소에는 잔소리가 심한 엄마도 몇 마디 안 하시고 대신 불고기를 푸짐하게 구워 저녁 상을 차리셨습니다. 우리는 둘러앉아 눈물 반 콧물 반으로 오랫동안 기억에 남을 저녁 식사를 했습니다.

저는 대학 시절의 마지막 축제를 부모님과 함께 했습니다. 5월 봄 축제는 "어머니와 함께"라는 행사에 참여해 처음으로 엄마와 게임도 하고 춤도 추고 촌극도 했습니다. 봄 밤, 색색이 커지는 꽃등 아래서 엄마와 손을 잡고 사진도 찍었습니다. 그전에도 엄마 손을 잡은 적이 있었겠지만 제 기억으로는 진심에서 우러난 엄마에 대한 사랑으로 손을 잡은 것은 그때가 처음인 것 같습니다.

가을 축제는 아버지와 같이 캠퍼스를 거닐며 밥도 먹고 가수들의 노래도 듣고 포크댄스도 췄습니다. 대학등록금에 등이 휘셨을 부모님에 대한 저의 조그만 보답이었지만 우리 엄마, 아버지는 두고두고 그때 얼마나 즐거웠는지 얘기하곤 하시지요.

이제 제가 대학생 딸을 둔 그때의 부모님 나이가 되었습니다. 우습게도 이번에는 제가 분홍색 스웨터나 반짝이가 붙은 화려한 블라우스가 입고 싶어지고, 저도 모르게 모조품 반지, 목걸이를 파는 노점상 앞을 기웃거리게 됩니다. 지나간 반짝이는 청춘을 도로 사들이고 싶은 모양입니다만, 이런 저를 우리 딸이 이해해줄지 모르겠습니다.

중년의 남자들은 아이들이 커가는 것이 대견하면서도 더럭 겁이 나기도 한답니다. 어떤 아버지들은 사회와 가정에서 받는 스트레스를 이기지 못하고 슬며시 사라지기도 합니다.

그때 우리 엄마가 갑자기 변한 것도, 우리 아버지가 슬며시 실종되었던 것도 바로 이런 이유 때문이었겠지요. 그러나 그런 부모님을 이해하고 불쌍하게 여기는 철든 자식이 있으면 부모님들은 아마 크게 위로를 받을 것입니다.

늦게 믿기 시작한 저희 친정부모님이 교회의 베드로전도회, 한나전도회 회장을 맡으셨습니다. 입으로는 "아이고 힘들다" 하셨지만 어느 때보다 훨씬 더 행복해 보였습니다. 예수님을 먼저 믿은 자식들이 열심히 전도해서 드린 가장 귀한 효도선물입니다.

슬픔이
기쁨을 몰아낼 때

얼마 전 길을 가는데 어떤 사람이 따라와서 말을 걸더군요.

"아줌마, 얼굴이 너무 슬퍼 보이네. 집에 우환이 있지요?"

저는 깜짝 놀랐습니다. 사실 마음속으로 울고 있었거든요.

사실 그 남자는 어수룩해 보이는 아줌마들에게 접근해서 무조건 집에 우환이 있느니, 나쁜 기운이 있느니, 부적을 사라, 제사를 지내라 하면서 사기를 치는 사람이었습니다. 그런 사람이 접근할 만큼 제가 슬픈 얼굴을 하고 있었다는 게 하나님께 영 미안했습니다. 주를 믿는 사람은 어떤 상황에서든 항상 기뻐할 의무가 있거든요.

그러나 살다 보면 크리스천이라 할지라도 슬픔에 휩싸일 수 있습니다. 어디로 가야 할지 몰라 그저 무섭고, 슬퍼서 울 수밖에 없는 그런 순간들을 우리는 인생 곳곳에서 맞닥뜨리게 되지요. 사랑하는 사람과의 이별 때문이기도 하고, 어쩌면 고치지 못하는 병에 걸렸다고 통고받을 수도 있습니다. 가난한 집안 형편이 발목을 잡고, 가고 싶었던 대학에 떨어지고, 승진에서 누락되고, 애써 일구던 사업이 망하기도 하고, 자식이 혹은 형제가 속을 썩일 수도 있지요. 나이는 먹어 가고 꿈은 멀어지는데 오늘도 먹고 살기 위해 출근길에 올랐을 때 소리 없이 눈물이 흐릅니다.

이 세상엔 어쩌면 슬픔의 종류가 기쁨의 종류보다 훨씬 더 많을지도 모릅니다.

평소에 건강하던 저의 친정아버님이 갑자기 간암 진단을 받으셨습니다. 술도 담배도 일체 못하시고 군인출신답게 규칙적인 생활을 하시던 분이 간암이라니 믿기지가 않았습니다. 이미 많이 진행되어 수술도 방사선 치료도 불가능하다는 의사의 말에 하늘이 무너지는 것 같았습니다.

칠순 무렵에 하나님을 기적적으로 영접하고 어린아이처럼 순수한 신앙생활을 해오신 우리 아버지였습니다. 지난해에는 남전도회 회장까지 맡으셔서 참 열심히 일을 하셨는데 하나님께 무슨 뜻이 있으신 건지 붙들고 여쭈어 보고 싶었습니다.

흙에서 나왔으니 흙으로 돌아가는 것이 순리인 줄 알면서도 조금만 더 건강하게 사셨으면 하는 안타까운 마음이 들었습니다. 우리 삼남매가 어린 시절을 행복하게 보낸 것은 좋은 아버지를 만났기 때문인데 그것도 모르고 그동안 너무 무심하게 대해 드린 것이 후회가 되었습니다.

기도를 하려고 앉으면 눈물밖에 나오지 않았습니다. 5년 전 여동생이 유방암 수술을 했을 때 지하철에 서서 한없이 울던 저의 모습이 생각났습니다. 그때의 공포와 슬픔이 다시 시작되는 것 같았습니다.

슬픔에 한 번 사로잡혀 본 사람들은 압니다. 그것이 얼마나 사람들을 꼼짝 못하게 하는지 말이에요. 밥을 먹다가도, 일을 하다가도, 심지어 잠깐 웃을 때에도 슬픔이 다가와 말을 겁니다.

"네가 지금 웃을 때니? 아픈 아버지한테 미안하지도 않아? 넌 슬퍼야 해."

슬픔이 기쁨을 몰아내는 순간이지요.

난 지 8주 만에 실명해서 맹인이 되었고 아흔다섯 평생을 가난하게 살았지만 만 편이 넘는 찬송가와 9천 편의 찬송시를 쓴 패니 크로스비의 이야기를 읽었습니다. 일찍 아버지를 여의고, 딸아이는 낳자마자 잃었고, 늦게 결혼한 남편과도 사별한 패니는, 그럴지라도 슬픔에 사로잡히지도 하나님에 대한 믿음을 잃지도 않았더군요. 도리어 슬플 때마다 은혜가 넘치는 찬송시를 썼습니다. 그녀의 마지막 찬송시인 「결코 포기하지 마라」는 이렇게 끝납니다.

결코 포기하지 마라, 결코 포기하지 마라
당신의 슬픔에 결코 굴복하지 마라
예수 그리스도가 그것들로부터 벗어나게 할 것이니
주를 믿으라, 주를 믿으라
당신의 시련이 가장 클 때 노래하라
주를 믿고 마음을 다하라

슬픔에 잡혀 저도 모르게 어두운 얼굴을 하고 있다는 것을 알고 난 뒤 하나님 앞에서 회개했습니다. 그리고 도저히 웃을 수 없어도 어떻게 하든 기쁨을 되찾아야겠다고 결심했지요. 설사 눈물이 멈추지 않을지라도 하나님께 기도를 하고 나서는 그 눈물을 스윽 닦고 웃어야겠다고 말입니다.

아버님을 하나님께 맡겼습니다. 울면서 기도하다가도 기도를 마치고 나올 땐 밝게 웃었습니다. 웃음이 나오지 않을 때는 억지로라도 입꼬리를 올려 보았습니다. 슬픔이 조금씩 물러가더군요.

지금은 도리어 감사가 나옵니다. 우리 아버지께 암이라는 병을 주셔서 생을 잘 정리하게 하시고 마지막으로 자식들과 아내의 사랑을 흡족하게 받을 수 있는 기회를 주셨으니까요.

살아 있는 것은
아프다

치과에 갔습니다. 몇 년 전에 신경치료를 받은 앞니 하나가 점점 누렇게 변해 가기에 하얗게 만드는 방법이 없을까 해서 가벼운 마음으로 들렀지요.

의사선생님이 아무래도 옆의 이도 이상하다면서 엑스레이를 찍었습니다. 어디 심하게 부딪힌 적이 있느냐고 물었지만 기억이 없었습니다. 그런데 엑스레이 사진을 보니, 원래 신경이 없는 이뿐만 아니라 그 옆의 잇속에 직경 7밀리 정도의 고름주머니가 자리를 잡고 있었습니다.

"이렇게 되도록 아프지 않으셨어요?"

"전혀요."

의사는 "뼈까지 다 손상된 것 같은데, 우선 자연스럽게 흘러나

올 수 있는지 보고 안 되면 수술합시다"라고 했습니다.

이에 구멍을 뚫었습니다. 신경이 죽은 이는 드릴로 아무리 갈아도 아프지 않았습니다. 겉은 멀쩡했는데 속은 주인도 모르게 죽어 있었습니다. 그러나 그 옆의 성한 이는 치료 도중 조금만 건드려도 찌릿찌릿 아팠습니다.

두 주 정도 치료를 받았는데, 욱신욱신 더 쑤셔 왔습니다. 참 이상했습니다. 그동안은 정말 괜찮았는데 상처를 열어 놓으니 본격적으로 아파 왔습니다. 수술을 할 수밖에 없었습니다.

잇몸을 열고 고름주머니 때문에 손상된 뼈를 깎아 냈습니다. 마취 때문에 고통은 없었지만, 뼈를 긁어 내는 소리에 진땀이 흘렀습니다. 간혹 마취가 안 된 곳을 건드리면 아프면서도 시원했습니다. 이렇게 큰 농양이 자리 잡도록 저는 어쩌면 그렇게 모를 수가 있었을까요.

"이런 게 급성으로 오면 얼굴이 뚱뚱 붓고 굉장히 아파요. 만성으로 와서 이런 지경까지 되었네요."

아마 고통을 전해 줄 신경이 이미 죽어 버렸기 때문이었을 겁니다.

암이라는 병이 무서운 이유는 처음에는 스스로 느낄 만한 고통이 없다는 것이지요. 조용히, 아무도 모르는 새, 깊이 뿌리를 박은 뒤 많이 퍼져야 알 수 있기에 무서운 병이지요.

아프지 않다는 것이 꼭 아무 일이 없다는 것은 아니었습니다. 살아 있었으면 아팠을 겁니다. 그렇다면 아픔은 고마운 신호이고, 살아 있다는 것의 증거일 것입니다. 아이가 태어날 때, 엄마도 고통스럽지만 좁은 산도를 통과해야 하는 아이 역시 고통을 겪습니다. 그러나 이 고통의 과정이 있어야 새 생명을 얻게 되지요. 사람이 하나님 나라로 부르심을 입을 때도 고통스럽습니다.

"아파야 저 세상 가고 싶지, 아프지 않으면 누가 이 좋은 세상을 뜨려고 하겠니?"라고 어른들은 말씀하시지요. 고통 없이 저 세상으로 가는 사람은 아무도 없습니다. 고통은 이 세상과 저 세상을 연결해 주는 통로입니다.

아이가 빠르게 자라는 시기에는 성장통을 겪습니다. 육체적으로도 다리나 근육 등이 아픈 경우가 많지만, 마음도 아픔을 겪습니다. 친구와 부모와 형제 사이에 갈등을 불러일으키며 어른이 되어 가는 준비를 합니다. 크게 음악을 틀거나 소리를 질러 대는 아이들도 있지요. 엄마들은 아이가 드러내는 반항 섞인 불퉁가지를 견뎌 내기가 힘이 듭니다. 그러나 이것도 살아 있음의 증거입니다. 사춘기에 충분히 고민하지 못하거나 그 아픔을 드러내어 치유받지 못하면, 언젠가 어른이 되어서 10대에 할 고민을 그제야 하는 어른아이를 못 면하겠지요.

새로 진학을 했을 때도 아픔을 겪습니다. 소원하던 학교에 들어갔다고 해서 실망이 없지는 않습니다. 적성보다 점수에 맞춰 대학에 갔다면 더욱 제자리를 찾지 못하겠지요. 혹 자신의 자존심에 못 미치는 학교에 들어갔다면 현실을 받아들이거나 새로운 도약을 결심할 때까지 방황할 수밖에 없겠지요. 이때도 문제를 그냥 덮어 둔 채 고민하지 않는다면, 세월은 나의 의도와 상관없이 내 삶을 끌고 가게 될 것입니다.

새 직장에 실망하지 않는다면 그는 젊은이가 아닐 겁니다. 이상한 권위주의, 비합리적인 관행, 횡행하는 거짓말, 신앙인의 양심을 조롱하는 갖가지 괴롭힘을 바라보면서 그래도 참고 회사를 다니며 월급을 받아야 하는지 괴로워하지 않는다면 그는 자신의 양심이 살아 있는지 그것을 의심해 봐야 할 것입니다.

부부 사이에도 고통이 있습니다. 좋아서 결혼했지만 불완전한 인간 사이에서 완벽한 조화란 있을 수 없습니다. 제 경험으로는 결혼 3년에서 5년 사이에 가장 화끈한 싸움을 많이 한 것 같습니다. 더러운 인간성까지 다 드러낸 격렬한 싸움을 실컷 하고 나니 그다음에는 이상하게 싸움거리가 줄어든 것을 확실하게 느낄 수 있었습니다.

싸움도 하나의 의사소통 방법이고 마음속의 고통이 터지는 과정이라 그래도 '열전'을 벌이는 것이 차가운 독을 품은 '냉전'보다 낫다고 합니다. 싸운다는 것은 그래도 사랑이 남아 있다는 증거라고 하지요. 큰소리가 나는 것이 싫어 부부 사이의 문제를 덮어 둔다면 마치 만성병이 든 것처럼 뼛속까지 곪는 일이 반드시 생길 겁니다.

처음 하나님을 믿으면서 쓴 일기를 들추어 보면, 하나님 앞에 제대로 서지 못한 괴로움, 하나님의 뜻을 모르는 둔감함에 대한 자책, 그분의 공의를 이루는 데 쓰임 받지 못하는 부끄러움으로 가득 찬 글을 읽게 됩니다. 얼핏 생각하면 불완전하고 미숙한 신앙처럼 보입니다.

그러나…… 믿음을 가진 지 30년이 넘은 지금, 아침 경건의 시간을 빼먹고도 아무렇지 않고, 말씀 한 구절 읽지 않고 하루를 보내도 마음에 찔림이 없으며, '아버지'를 부르며 기도를 해도 눈물이 없고, 찬송가를 부르면서도 목이 메지 않는 저를 발견하고 소스라치게 놀랍니다. 하나님을 향한 제 신경줄이 둔해 있거나, 죽어 있음을 알기 때문입니다. 하나님 때문에 고통스럽지 않으면 저의 신앙은 살아 있는 것이 아닐 겁니다. 나도 모르게 서서히 식어 가는 신앙, 이것이 저는 가장 두렵고 무섭습니다.

죽은 가지를 뚫고 두터운 흙을 비집고, 기를 쓰며 나오는 새순들을 바라보며 저는 조용히 무릎을 꿇습니다.

"주님, 살아 있는 것은 아프고 힘이 들겠지요. 그러나 얼마나 아름다운지요. 제게 당신 때문에 애통하는 복을 주시옵소서!"

이제 제 잇몸은 예쁜 연분홍색으로 다시 살아났습니다. 없어진 뼈는 완전하지는 않지만 점차 재생되고 더욱 강해진다고 합니다. 이젠 작은 고통에도 민감해져 깊은 병이 들지 않도록 조심해야겠지요.

아버지

한밤중, 아산병원의 널찍한 처치실은 적막했습니다. 가끔 소변량을 체크하는 간호사가 들어올 뿐이었습니다. 톡 톡 톡……어디선가 물 떨어지는 소리가 들립니다. 누군가 수도를 덜 잠갔나 봅니다. 아버지는 눈을 꼭 감고 계셨습니다.

"주무세요? 이제 그만 부를까요?"

제가 찬송가책을 내려놓았습니다. 아버지께서 눈을 뜨시더니 고개를 가로젓습니다. 계속하라는 뜻이지요. 간성혼수에 빠진 친정아버지는 이제 더 이상 말씀을 하지 못하십니다.

아버지께서 제일 좋아하시는 찬송 「나의 기쁨 나의 소망 되시며」를 펴서 나직하게 불러 드립니다. 순한 눈으로 아버지는 저를 바라보고 계시는군요. '어디 가지 마라' 하시듯.

1928년생이신 우리 아버지는 일제강점기와 해방, 한국전쟁, 4·19와 5·16, 우리 현대사에 나오는 큼직한 사건들을 몸으로 다 겪으셨습니다. 생과 사를 넘나드셨죠. 적성은 선생님이었지만, 어쩌다 보니 20년을 공군에서 보내셨습니다. 별명이 '색시'일 정도로 얌전한 분이 군인으로 지내시려니 얼마나 힘이 들었을까요. 아버지는 주무시다가 가끔 소리를 지르십니다. 6·25 때 인민군에게 잡혀 가다가 도망치는 꿈이거나, 총기를 잃어버려 군법회의에 넘겨질 위기를 겪던 꿈을 꾸실 때입니다.

"내가 그때 정말 죽는 줄 알았다."

여러 번 들은 얘기라 건성으로 대꾸해 드렸는데, 이제 말씀도 못하고 누워만 계시니 가슴이 아팠습니다. 왜 좀 더 따뜻하게 들어 드리지 못했을까요.

아버지의 입술이 또 말라 갑니다. 물에 적신 거즈를 입에 대어 드립니다. 독한 말로 남에게 상처 입히신 일 없고, 자식들에게조차 "이놈아" 하며 큰소리로 야단친 적도 없는 선한 분입니다. 믿었던 동료에게 돈을 떼이고도 "그 사람도 무슨 사연이 있을 게다" 하며 넘기시던 아버지. 간암 말기라 더 이상 손을 쓸 수 없다는 선고를 받고도 "내가 치국평천하는 못했지만 수신제가는 했다. 삼성 이병철이보다는 오래 살았으니 대성공이지. 다만 돈을 못 벌어 너희에게 물려줄 게 없는 것이 미안하구나" 하시던 아버지.

5월의 짧아진 밤이 지나가고 있었습니다. 찬송가를 멈추면 눈을 뜨시고 '계속해다오' 애원하듯 바라보셔서 저는 찬송가를 부르다가 읽어 드리다가 하며 밤을 새웠습니다.

새벽녘 간호사들이 들어와 관장을 했습니다. 깔끔하신 아버지는 관장하는 걸 아주 싫어하셨는데 이제 아무 반응도 없었습니다. 아버지의 발을 꼭꼭 눌러 드렸습니다. 누른 자국이 회복되지 않으면 임종이 가깝다고 하는데 아버지 발은 아직 괜찮았습니다.

260밀리. 남자로서는 꽤 작은 발. 이 발로 아버지는 남들보다 두 배는 빠르게 걸으셨지요. 남보다 먼저 가서 표를 사고, 먼저 가서 자리를 잡고, 먼저 가서 줄을 서야 가족을 먹일 수 있다는 가장의 책임감 때문이었을 겁니다. 문득 까맣게 죽어 있는 아버지의 오른쪽 엄지발톱이 눈에 보였습니다. 언제 어떻게 다치신 것일까요. 아주 오래전부터 그랬던 듯한데 저는 왜 다치셨냐고 여쭤 보지도 않았습니다. 관심도 없었지요. 그러고 보니 제가 아버지에 대해 아무것도 모르고 있었다는 생각이 드네요. 언제 슬프셨는지, 언제 외로우셨는지, 언제가 가장 기쁘셨는지……. 이 무심한 딸은 알지 못했습니다. 아버지께서 병상에서 한 번만 일어나실 수 있다면, 다시 말씀을 하실 수만 있다면 얼마나 좋을까요.

삐 삐 삐 삐……. 병상 머리맡의 계기판에서 위급한 신호음이 들립니다. 당직 레지던트가 들어와 이것저것 살펴더니 링거의 수액이 천천히 나오도록 조정합니다. 아버지의 혈관은 이제 수액조차 받아들일 힘이 없나 봅니다. 아버지의 손을 잡았습니다. 매일 저녁, 일기와 가계부를 꼼꼼하게 쓰시던 손……. 성실하게 땀 흘리며 가족들을 벌어 먹이시던 손……. 70세에 예수님 믿은 후엔 정성껏 기도문과 간증문을 쓰시던 이 손을 앞으로 얼마나 잡아 볼 수 있을까요. 주사바늘 때문에 시퍼렇게 멍이 든 힘 없는 아버지의 손을 제 볼에 대봅니다. 이 세상에 저를 낳아 주셔서 얼마나 행복했는지, 좋은 아버지 덕분에 얼마나 든든했는지, 아버지를 얼마나 사랑하고 존경했는지 제가 말씀드린 적이 있었던가요.

그날 점심 무렵, 아버지는 당신의 품성처럼 조용히 천국으로 가셨습니다. 30킬로그램 군장만큼이나 무겁던 세상 짐을 내려놓고, 아무도 괴롭히지 않고 당신도 고통 없이 그렇게 순하게 하나님 품에 안기셨습니다. 너무 늦게 예수님을 믿어 집사 직분도 못 받으셨던 성도 이익상. 우리 아버지, 보고 싶습니다.

03

믿음의 반석도 든든하다

우리 부부에게는 원칙이 있었습니다.

그 원칙에 따라

아이들은 걸어서 5분 거리의 교회 부설 유치원을 나왔습니다.

초등학교 역시 학생 수 많기로 유명한

근처 공립학교에 보냈습니다.

큰아이는 공부에 능력이 있어 외고로 진학했고,

작은아이는 배정된 일반고를 다녔습니다.

대학도 성적에 맞춰 들어갔습니다.

둘 다 제 나름대로 간 것이라 만족해합니다.

학교를 다니면서 큰아이와 작은아이 모두

조금씩 상처를 입었습니다.

따돌림과 폭력도 있었습니다.

하지만 좋은 선생님들과 친구들도 만나

아이들은 어려움을 잘 극복했습니다.

남편의 일을 따라 우리 가족은 미국과 캐나다에서

일 년씩을 보냈습니다.

한국으로 돌아올 때 사람들은 조언을 했습니다.

한국 교육에 적응하기 어려우니

아이들을 캐나다에 두고 가라고요.

그러나 우리는 함께 돌아왔습니다.

아이들의 교육을 위해 최선을 다하지만,

기러기아빠를 만들면서까지 교육할 생각은 없었습니다.

부모가 애들 교육에 목숨을 걸면,

아이들도 부담이 됩니다.

아이 능력이 되는 데까지 교육하고,

부모의 능력이 되는 데까지만 감당하는 것이

옳다고 생각했습니다.

우리 아이들은 이제 장성하여

큰아이는 변호사가 되어 회사에 취직을 했고,

작은아이는 특공대에서 병역 의무를 마치고 복학했습니다.

아이들이 자라는 동안,

우리 부부도 성숙한 인간으로 자랐습니다.

어제보다 오늘 좀 더 마음이 순해졌습니다.

아이들과 함께 이런 일 저런 일을 겪다 보니

우리가 아빠라 부르는 하나님의 마음을 알았습니다.

아이들은 하나님의 선물이었습니다.

좋을 줄 알았지

"이 동네 학군이 오죽이나 나빠요. 그래서 애들 주소만 남편 친구네 집으로 옮겨 놓았어요. 거긴 그래도 여기보다는 나은 학교가 많거든요."

서울에서 학군이 안 좋기로 유명한 제가 사는 동네에서는 이런 얘기를 흔히 듣습니다.

사방이 산으로 둘러싸여 경치는 절경이고 집값도 서울시에서 가장 싼 곳인데, 일 년 전만 해도 남자 중학생이 갈 수 있는 인문계 고등학교가 하나도 없어 이웃 구에 속한 고등학교에 들어갈 수밖에 없었을 정도로 교육환경은 열악한 곳입니다.

고교 평준화 정책에 의해 학교 결정권이 거주지에 따르다 보니 자식을 좋은 학교에 보내고 싶어 하는 부모들은 아이들을 들들 볶아 특수 목적고에 보내든지, 아니면 어렵게 마련한 집을 팔아서라도 학군이 좋은 곳으로 이사를 갑니다. 그러나 그것도 안 되는 사람들은 아이들만 주소를 옮기는 편법을 쓸 수밖에 없습니다. 가방이 무겁다고 책은 빼놓고 대신 축구공을 가져가는 중3짜리 건강하고 평범한 아들을 둔 저도 갈등을 안 할 수가 없겠지요.

제 큰딸이 초등학교에 들어갈 때 일입니다. 저희 집에서 육교하나를 건너면 천천히 걸어도 딱 5분 걸리는 곳에 초등학교가 있었습니다. 그러나 우리 집이 동 경계선에 걸려 있어 제 아이는 코앞의 학교를 두고 걸어서 30분은 걸리는데다가 덤프트럭이 횡횡지나다니는 큰 도로 두 개를 건너야 하는 곳에 위치한 다른 초등학교로 배정이 되었습니다. 사람들은 애들 주소만 옮겨 놓으라고 친절하게 조언했습니다.

하려면 못할 것도 없었습니다. 30년 넘게 그 동네에서 살았으니 그 정도 편의를 봐줄 사람은 얼마든지 있었으니까요.

'눈 딱 감고 한 번만 거짓말을 해봐?'

그러나 아시다시피 하나의 거짓말을 유지하기 위해서는 다른 수십 가지 거짓말들이 꼬리를 잇게 마련이지요.

"너 선생님이 어디 사냐고 물어보시면 당분간은 여기에 적힌 집주소를 말해야 된다."

"왜요?"

"으음, 네가 그 초등학교에 다니려면 이 주소에 살고 있어야 되거든. 그래서 엄마가 너만 이 집에 사는 것으로 고쳐 놓았어."

"이 사람들은 누구냐고 물어보면 어떡해요?"

"삼촌이라고 그래."

"우리 삼촌도 아닌데?"

"그, 그렇지."

"그럼 거짓말한 거네."

"……."

만약 제가 이 일을 진행한다면 순진한 우리 아이들에게 목적을 위해서는 거짓말도 가능하다는 것을 가르치는 꼴이 될 것 같았습니다. 그리고 더 무서운 것은 앞으로 '거짓말'에 대한 저의 훈계도 먹혀들지 않을 것이고, 또 우리 아이들이 무슨 일을 하든 그런 쉬운 길을 찾느라 인생을 허비할 수도 있을 것입니다.

여기까지 생각해 보니 영 마음이 편치가 않았습니다. 항상 옳지 않은 일은 마음의 평안을 빼앗아 가지 않습니까?

세월이 흐른 후, 거짓으로 주소를 옮겨 아이들을 가까운 학교에 배치하게 한 엄마들 입에서 이런저런 말들이 나왔습니다.

"좋을 줄 알았지. 근데 여러 가지가 불편하더라고. 특히 이 동네에서 같이 학교에 다닐 애들이 없으니까 친구 문제도 있고⋯⋯."

그러나 그 엄마가 진짜 잃어버린 것은 말로 옮길 수 없는 곳에 있겠지요.

빅터 프랭클 박사의『죽음의 수용소』는 성경 다음으로 제가 자주 읽는 책입니다. 나치의 수용소에서 살아남은 자신의 삶을 통해, 최악의 극한 상황에서도 인간은 삶의 의미를 찾아내는 능력이 있다는 것을 증언하고 있는 이 책에는「테헤란의 죽음」이란 이야기가 담겨 있습니다.

페르시아의 한 권세가가 하인을 데리고 화원을 거닐고 있었습니다. 갑자기 하인이 비명을 지르며 죽음의 신이 자신을 데려가겠다고 위협한다면서 주인에게 가장 빠른 말을 빌려 달라고 애원했습니다. 그 말을 타고 오늘 밤 안으로 테헤란으로 도망쳐 죽음을 면하겠다는 계획이었지요. 하인이 허겁지겁 말을 타고 떠난 후, 주인은 바로 그 죽음의 신을 만나게 되었습니다.

"어째서 그대는 나의 하인을 위협하였습니까?"

주인이 물어보자 죽음의 신이 대답했습니다.

"위협하다니요? 저는 다만 오늘 밤 테헤란에서 그와 만나기로 계획을 세워 놓았는데 그가 아직도 여기에 있는 것을 보고 놀란 표정을 지었을 뿐입니다."

하인은 결과적으로 꾀를 써서 자기가 죽을 곳으로 빨리 달려 간 것뿐이었습니다.

죽음의 수용소에서 빅터 프랭클은 하루에도 여러 번 어느 줄에 서느냐에 따라 죽음과 삶이 갈리는 극한 상황에 처해 있었습니다. 어떤 선택이 살길인지 전혀 알 수 없는 곳에서 그가 세운 규칙은 '솔직함'이었습니다. 그는 가스실행으로 알려진 요양수용소 배치를 면하게 해주겠다는 의사의 도움을 거절했습니다. 또 "선생님도 탈출하기로 했나요?" 하며 슬프게 묻는 죽어 가는 환자의 물음 때문에 마지막 기회처럼 보였던 탈주 계획을 포기합니다. 마음이 편치 않다는 이유 때문이지요. 그러나 그는 기적처럼 살아납니다.

인간의 눈에 좋아 보이는 것이 꼭 좋은 것은 아닙니다. 좋을 줄 알았는데 결과는 최악인 경우도 많으니까요. 저는 아침마다 말씀을 붙들고 애를 씁니다.

"주여, 오늘도 당신이 기뻐하시는 길을 택할 용기를 주소서."

유쾌한
반전

저는 아이들 운동회에서 청백계주를 제일 좋아합니다. 잘 뛰는 아이가 나올 때마다 반전에 반전을 거듭하기도 하고, 다 이긴 경기에서 마지막 주자가 넘어지기도 하고, 어느 땐 바통을 떨어뜨려서 순위가 뒤집히기도 하는 등 끝까지 보지 않으면 절대로 누가 이길지 모르기 때문에 더욱 재미가 있습니다.

인생도 그럴 겁니다. 공평하신 하나님은 누구에게나 반전의 기회를 주시고, 절망하지 않고 끝까지 버티는 사람에게는 반드시 눈을 열어 성공의 통로를 보게 해주시니까요.

제 딸이 중학교에 올라가서 처음엔 고생을 많이 했습니다. 선행학습이 무엇인지도 모르는 엄마의 무지함 때문에, 다른 아이들은 초등학교 6학년 여름방학 때부터 학원에 가서 벌써 중1 과정을 한 번 끝내고 복습을 할 때 우리 딸은 혼자서 그 많은 과목을 허겁지겁 따라가야 했습니다. 어떤 아이들은 초등학교 4학년 때부터 수학 공부를 꾸준히 해서 중1인데도 벌써 고등학교에서 푸는 공통수학을 한다는 소문도 돌았습니다.

딸아이가 가끔 "엄마, 애들이 학원에서 다 배운 거라고 학교에서는 잠만 자요. 선생님께서도 '다들 알지?' 하면서 그냥 넘어가시고……. 나만 모르는 것 같아요" 합니다. 그래도 상황을 파악하지 못한 이 둔한 엄마는 독학이 최고의 공부 방법이라고 하면서 아무 대책도 없이 문제집만 열심히 사다 주었습니다.

첫 번째 중간고사를 봤습니다. 일등이 평균 99점이라고 하더군요. 저는 농담인 줄 알았습니다. 열두 과목 가운데 하나를 틀렸다지요. 우리 딸은 80점을 겨우 넘었을 뿐이었습니다. 그것도 음악, 미술, 그리고 외우는 과목에서만 좋은 점수가 나왔고, 소위 주요 과목에서는 70점을 받았습니다. 담임선생님께서 집으로 보내 주신 통신란에 "학습에 열의가 있어 좀 더 노력하면 성적이 많이 향상될 것으로 기대됩니다"라고 써주셔서 위안을 받았지만, 학기 말에는 더욱 떨어져서 450명 가운데 중간 조금 위의 등수이더군요.

1학년은 그렇게 끝마쳤습니다. 우등상은커녕 평균 90점도 못 넘어보고 말았습니다. 우리 딸에게는 평균 90점 따기가 백마고지 탈환하는 것보다도 어려워 보였습니다.

2학년이 되어 처음 치른 시험은 더욱 못 봤습니다. 50점도 있었으니까요. 점수야 그렇다 하더라도 아이가 위축되어 가는 것을 지켜보는 것은 참 가슴 아픈 일이었습니다. 무엇보다 수학에 자신을 잃어 가는 모습이 마치 저의 학창 시절을 보는 것 같아서 무슨 대책을 세워야 했습니다. 마침 저희 구역장님 딸이 대학에 입학해 아르바이트 자리를 찾는다고 해서 우리 딸의 수학 공부를 부탁했습니다. 사교육에 대해서는 이상하게 마음 내키지 않았던 저로서는 아주 큰 결심이었습니다.

딸아이는 언니 선생님에게 수학을 배웠지만, 그보다도 공부하는 방법을 배운 것 같습니다. 두 달 뒤, 우리 딸은 2학년 학기 말 시험에서 전교 석차 42등으로 올라 '공부를 못하던 아이가 갑자기 성적이 오른' 성공 케이스로 다른 반 선생님의 입에도 오르내리게 되었지요. 그리고 마치 월드컵에서 우리 축구팀이 파죽지세로 축구 강대국들을 쓰러뜨리듯 딸아이의 성적이 오르더니 놀랍게도 전교 6등으로 중학교를 졸업하게 되었습니다.

제가 우리 딸의 성적이 올랐기 때문에만 기뻐하는 것이 아닙니다. 공부란 하면 오르는 것이고 안 하면 떨어지는 것이니까요.

그보다 인생은 언제나 역전이 가능하다는 것을 우리 딸이 알게 되었기에 기쁩니다. 살아가면서 어려운 일을 만날 때 이 경험을 떠올리며 역전의 가능성 때문에 좌절하지 않을 것이고, 또 잘 풀려 갈 때 역시 역전의 가능성 때문에 자만하지 않도록 주의할 것이기 때문이지요.

저는 인생에 공부가 전부라고 생각하는 사람이 아닙니다. 가끔 동창회에 가면, 학창 시절에 공부로 날렸던 아이들은 공부로 생업을 삼고, 공부는 별로였지만 인간관계가 좋았던 아이들은 나름대로 사업을 해서 돈을 많이 번 것을 봅니다. 또 농사를 지으며 아주 가난하게 살던 친구가 땅 값이 오르는 바람에 어마어마한 부자가 되어 저녁밥 값을 턱하니 내기도 하지요. 인생이란 그래서 살 재미가 있는 것이 아니겠습니까?

우리말에 '뒷심'이란 단어가 있습니다. 사전에는 "끝판에 가서 회복하는 힘"이라고 나와 있지요. 이 '뒷심'은 크고 작은 절망에 낙심하지 않고 버틸 때 나오는 것이지요. 하나님은 우리 크리스천들이 일곱 번 넘어져도 또 일어날 수 있다고 하셨습니다. 악인은 한 번만 넘어져도 일어나지 못합니다.

크리스천들은 인생을 마감하는 순간에 천국 문이 열리는 것을 보면서 기쁘게 갑니다. 세상의 부귀영화 그런 것과 상관없이 예

수님의 보혈의 힘으로 최후의 막판 뒤집기가 가능한 크리스천의
삶, 이보다 더 유쾌한 반전은 없을 것입니다.

가장
귀한 것으로

　중3이던 제 아들의 눈동자에서 이상한 살덩어리가 발견된 적이 있습니다. 그 전에도 왼쪽 눈이 유달리 충혈이 잘되고 검은 눈동자와 흰자 경계선에 실핏줄이 뭉친 것처럼 보인 적이 있지만 무심코 지나쳐 버렸습니다. 저는 아들에게 땡볕에서 축구 좀 그만하고 밤새 컴퓨터 하면서 놀지 말라고 야단이나 쳤지요.

　그러던 어느 날, 아들의 눈동자 가장자리로 눈에 띄게 살덩어리가 올라온 것이 보였습니다. 하루하루 그 크기가 커져 가는 것이 확실했습니다. 가슴이 덜컥했습니다. 급한 마음이 들어 집 근처 가장 크다는 안과병원에 부랴부랴 갔습니다.

　젊은 의사는 컴퓨터로 확대한 제 아들의 눈동자를 친절하게 보여 주었습니다. 그런 다음 "아무래도 살덩이의 모양이 불규칙하고 이상하다"며 큰 병원에 가서 정밀검사를 받아 보라고 했습니다. 혹시 수술을 하게 될 수도 있으니 꼭 안성형을 전공한 의사가 있는 곳으로 가야 한다고 강조했습니다.

저는 망치로 한 대 꽝 맞은 사람처럼 생각을 추스를 수 없었습니다.

"최악의 경우 암일 수도 있다면…… 그것도 눈을…… 아직 중학교 삼 학년밖에 안 됐는데……."

우리 아들이 가엽고 가여웠습니다. 생명의 날이 이렇게도 허무하게 짧다면 그까짓 공부가 뭐 그리 중요한 일이라고 놀지도 못하게 했을까. 저는 마음이 찢어지는 것 같았습니다.

"하나님, 아무 일만 없다면……. 혹 일이 있더라도 우리 아들 살려만 주시면 이 아름다운 세상을 같이 호흡하며 살 수 있다는 것만으로도 행복하겠습니다."

저는 흐르는 눈물 속에 기도했습니다. 병원에서 집까지 무얼 타고 왔는지도 생각이 안 날 정도로 저는 정신이 없었습니다. 병원 가기 전까지는 종알종알 잘도 떠들던 아들도 어깨가 축 처진 채 따라왔습니다. 그리고 소파에 누워 한참을 우는 듯했습니다. 아마도 열여섯 살 인생에 닥친 최초의 죽음의 공포였을 겁니다.

결론적으로 말하자면, 그 뒤에 찾아간 대학병원 의사선생님은 아들의 그 살덩이가 일종의 '점'이라는 진단을 내렸습니다. 물론 진행 상황을 보기 위해 석 달 뒤에 다시 진찰을 하기로 했지만요.

병원 문을 나서는 아들은 앞장서서 폴짝폴짝 뛰다시피 걸었습니다. 얼굴에서 공포의 그늘이 사라지고 웃음으로 환해지는 아들을 바라보는 것만으로도 엄마인 저는 이보다 더 행복할 수 없었습니다.

며칠 후, 걱정의 짐을 벗어 버린 저와 남편은 함께 산에 올랐습니다. 산천초목이 다 살아서 박수를 치는 듯했습니다. 남편은 지나가는 듯이 이렇게 말했습니다.

"난 말이야, 혹시 우리 아들 눈이 잘못되면 내 눈을 빼주려고 했어."

"어? 난 당연히 내가 주려고 했는데? 당신은 돈을 벌어야 하잖아요. 하마터면 부부 간에 눈 빼주기 경쟁 붙을 뻔했네."

우린 마주 보고 웃었습니다.

가장 귀한 것을 아끼지 않고 주는 것, 그것이 부모의 마음이겠지요. 그리고 우리를 향하신 하나님의 마음이기도 하고요.

우리 아들은 눈까지 빼주려고 결심했던 아빠와 엄마의 사랑을 알지 모르겠습니다. 그리고 아들이 죽음의 두려움에서 벗어나 기쁘고 즐겁고 감사하게 사는 것이 그 사랑의 보답이라는 것도.

그러나 아직 철이 안 난 우리 아들은 그저 휴대폰이나 게임시디를 안 사주는 것이 서운하고, 간혹 정직하지 못한 일에 징계를 가한 저희들이 야속할지 모르겠습니다.

오늘 하루도 하나님은 저희에게 가장 귀한 것으로 채워 주시려고 모든 것을 예비하고 계실 겁니다. 부디 그분 손안에 들린 선물보다는 그 깊은 사랑에 감격하는 제가 되었으면 합니다.

딱 걸렸어!

뭐 특별히 살 것이 있는 것도 아니었습니다. 급히 마무리해야 할 원고도 채 끝을 맺지 못했고 아직 저녁밥도 먹기 전이었는데, 누군가에게 등이라도 떼밀린 것처럼 장바구니를 들고 나섰습니다.

거리엔 어둠이 짙게 밀려오고 있었습니다. 해가 지면 집 앞 슈퍼에도 가길 싫어하는 제가 엎어지면 코 닿을 데 있는 할인매장을 지나치고, 시끄럽고 으스스한 지하차도까지 건너 10분은 족히 걸어야 하는 농협까지 갔습니다.

'도대체 뭣하러 내가 여기까지 온 거야?'

그런 마음까지 들 정도였으니까요.

모처럼 나왔으니 길가 상점에서 싸게 파는 스웨터라도 한 장

골라 볼까 하는 마음도 있었습니다만, 어쩐지 귀찮은 생각이 들어 그저 발걸음이 가는 대로 걸어갔습니다. 빠르지도 늦지도 않은 속도로 말이지요.

저 멀리 농협 간판이 보이는 곳까지 왔을 때였습니다. 어쩐지 낯이 익은, 그러나 꿈에도 생각지 못한 장면 하나가 눈에 확 들어왔습니다.

우리 아들이었습니다.

어둑어둑한 거리에서도 아들놈의 얼굴은 눈에 확 뜨였습니다. 잘생겨서가 아니라 아무리 캄캄해도 엄마 눈엔 제 자식이 '번쩍' 하고 보이는 법이니까요.

아들은 처음 보는 자전거를 타고 찌르릉찌르릉 신 나게 차도를 건너오고 있었습니다. 도로가 위험해서 자전거 통학은 금지 사항 중 하나였습니다. 그리고 이 시간에 우리 아들은 야간 자율 학습을 할 몸이었습니다.

'딱 걸렸어!'

저는 화 대신 실실 삐져나오는 웃음을 참았습니다. 왜 굳이 제가 이 저녁에 농협까지 장을 보러 나오고 싶었는지 그 이유를 알았기 때문이지요. 겨우 열 달 제 뱃속에 있다가 나온 아들놈의 일도 엄마가 이렇게 한 치 틀림없이 딱 맞추는데, 하물며 태 안에 지어지기 전부터 우리를 지명하여 부르신 하나님 눈을 속일 수 있는 일이 과연 이 세상 천지에 있기나 한 걸까요?

저는 작은 소리로 "아들!" 하고 불렀습니다. 느닷없는 엄마의 출현에 놀라 아들이 자전거에서 굴러 떨어지면 안 되니까요. 부모 맘이란 다 그런 것 아니겠습니까. 자식들이 알아주던 말든 말입니다.

저를 본 순간 아들은 마치 번개에 맞은 듯했습니다.

'아니, 이 시간에…… 여기…… 엄마가 나타나다니…… 어떻게…….'

대충 표정이 그런 것 같았습니다.

자전거에서 내린 아들은 갑자기 화를 내기 시작했습니다.

"아이씨 하필 왜 여기 서 계신 거예요?"

누구나 감추고 싶은 현장이 들켰을 땐 이상하게 분노부터 치미나 봅니다.

"나도 몰라, 내가 왜 여기 왔는지. 근데 웬 자전거유?"

전 웃으면서 물었는데 우리 아들은 우왕좌왕 횡설수설 뭐 변명들이 다 그렇지만 말은 많고 내용은 간단했습니다.

"오늘 처음, 진짜, 정말, 맹세코. 친구 자전거 딱 하루만 빌려 타고 온 거예요."

처음이건 아니건 그건 문제가 아니었습니다. 아들이 타지 않기로 약속한 자전거를 탔다는 것, 그리고 그 순간 딱 걸린 것이

문제였습니다.

주위를 돌아보면 나쁜 짓을 무수히 하고도 도리어 형통하게 사는 것처럼 보이는 사람들이 있습니다. 정말 공의로운 하나님이 계시는지 의심이 될 정도지요. 그러나 이상하게도 크리스천들은 딱 한 번 사소한 잘못을 저질렀는데도 그게 된통으로 걸리는 경우가 많습니다. 그동안 행한 많은 선한 일과 헌금과 봉사와 기도를 생각해 주셔서 한 번만 눈감아 주셔도 될 법한데……. 또 교회 직분자라 망신을 당하면 하나님도 함께 부끄러움을 당하실 텐데, 그걸 아시는지 모르시는지 하나님은 참으로 무정하게도 더 창피를 주시고 더 가혹한 징계를 내리시지요.

억울합니다. 하지만 당장은 서운해도 바늘을 훔칠 때 화끈하게 얻어맞는 것이 소도둑이 되는 것을 막는 가장 좋은 방법이고, 정직한 길 선한 길로 가는 것이 저들에게 가장 편하고 안전한 인생길이란 것을 가르쳐 주시려는 하나님의 초강력 사랑임을 우리는 너무나도 잘 알고 있습니다.

그다음 가정예배 때 아들은 이렇게 기도했습니다.

"하나님 아버지, 제가 정직하고 자기 스스로를 속이지 않는 자가 되게 해주옵시고……."

우리 아들은 쉽게 잊지 못할 교훈 하나를 얻었을 것입니다. 엄마 눈도 피할 수 없는데, 무수한 눈을 갖고 계신, 결코 잠들지 않는 하나님은 절대로 속일 수 없다는 것을.

최고의
엄마

고3 아이들이 수능을 보던 날, 우리 교회에서도 학부모들을 위한 기도회가 열렸습니다. 저도 재수생 아들 녀석 때문에 아침부터 열심히 기도를 했습니다.

그런데 기도를 하면 할수록 기도 내용이 변했습니다. 처음엔 수능을 잘 보게 해주셔서 좋은 대학에 보내 달라는 기도를 했는데, 시간이 지날수록 그동안 아들을 더 사랑하지 못한 것에 대한 회개가 터졌습니다. 하나님 안에서 명랑하게 잘 자라는 아들에게 공부에 집중하지 못한다고 야단친 것이 그렇게 가슴 아플 수가 없었지요. 나중엔 수능은 제 실력대로 보게 해주시고, 앞으로 저는 우리 아들의 있는 그대로의 모습을 사랑하겠노라 다짐하며 기도회를 마쳤습니다. 마음이 참으로 평안했습니다. 기도응답을

다 받은 것 같았습니다.

그런데 기도회를 마치고 나오다가 집사님 한 분을 만났습니다. 애들을 모두 좋은 대학에 보내신 분이지요.

"우리 아들 진짜 공부 못했는데 수능에선 평소보다 백 점이나 더 나왔어요. 역시 교회 일 충성하고, 새벽예배 열심인 엄마 기도는 하나님이 꼭 들어주신다고 아들이 그러더라고요. 지금도 무슨 일 있음 젤 먼저 나한테 기도 부탁 해요."

맞는 말씀이었습니다만, 그 말을 들으니 갑자기 겁이 덜컥 나더군요. 졸지에 아들의 수능 성적이 엄마 신앙의 잣대가 될 판이었으니까요. 저는 평소에 '공부 안 한 사람 합격하기', '낭비하는 사람 부자 되기', '함부로 사는 사람 건강하기'와 같은 것들은 하나님이 절대 들어주지 않는다고 믿는 사람이거든요.

결과적으로 저는 '믿음 부족하고 충성도 시원찮은' 엄마로 판명 났습니다. 왜냐하면 우리 아들은 수능에서 평소보다 훨씬 못한 성적이 나왔고, 서울 법대(서울에서 제법 먼 대학)에 진학할 수밖에 없었으니까요.

처음엔 실망했지만, 지금은 도리어 하나님께 감사하고 있습니다. 성격 좋고 운동 잘하는 우리 아들은 지방에서 혼자 밥해 먹고 살면서 일찍 부모에게서 독립할 수 있었으니까요.

교회 고등부 교사인 제 남편은 수능 망쳤다고 어깨가 축 처져 교회 나온 아이들을 보고 눈물이 다 났다고 합니다. 단지 공부만 못했을 뿐인데 너무 가혹한 대접을 받는 아이들이 불쌍해서지요. 공부 잘하는 것은 하나님이 주신 달란트 중 하나일 뿐입니다. 더 중요한 것은 무엇을 하든지 즐겁고 의미 있는 인생을 사는 것이지요.

신문에 보면, 일류 학교에 보내기 위해 마치 설계도면을 그리듯 아이의 학습 계획을 꼼꼼하게 짜주는 현대판 맹모들의 이야기가 실려 있습니다. 듣기만 해도 숨통이 콱 막히지요. 미국에는 '헬리콥터 부모'라고, 아이 머리 위를 빙빙 돌며 온갖 참견을 다하는 극성 부모들이 있지요. 이들은 아이가 대학을 마치고 회사에 들어갈 땐 대신 '연봉협상'까지 해준다니 미국의 치맛바람도 참 대단하다는 생각이 듭니다.

우리나라에서도 대학 교수에게 "우리 아이 시험 성적이 왜 이래? 인생 책임 질 거야" 하며 대드는 부모도 있고, 입사 시험장에 자식의 손을 잡고 오는 엄마도 있다고 합니다. 어떤 엄마는 오랜 유학 생활에 한국말이 서툰 자기 아이와 함께 면접을 보게 해달라고 떼를 쓴다네요. 그렇게 자란 아이들은 혹시 처음에는 부모의 의도대로 인생이 술술 풀릴 수 있겠으나 한 번 실패하면 아주 주저앉아 버린다고 합니다. 우리 아들은 그런 기사를 읽다가 한마디 던지지요.

"어휴, 울 엄마가 맹모가 아니라 주모(주무시는 모친)인 게 얼마나 다행인가 몰라."

아이들이 시험 때라도 저는 제 시간에 자는 엄마니까요. 주책없는 저는 아들의 이 말을 '최악의 엄마'는 아니라는 칭찬으로 받아들였습니다.

정말 좋은 엄마는 자식이 비록 기대에 못 미친다고 해도 그 자식에 대한 소망을 끝까지 잃지 않고 자랑스러워하는 엄마이지요. 제가 존경하는 어떤 집사님은 원서만 내면 다 붙는 대학에 아들을 보냈으면서도 늘 당당합니다.

"난 하버드대 서울대 다니는 애들 하나도 안 부러워. 그건 그 집 아들이고 난 우리 아들이 최고야."

이 정도는 돼야 최고의 엄마가 아닐까요.

새 학기가 시작되면 주위의 젊은 엄마들이 묻습니다. 어느 학원이 좋은지 어디 좋은 과외선생은 없는지. 제가 한마디 한답니다.

"교회 주일학교 잘 보내세요. 시험 기간이라고 예배 빠지게 하지 말고요."

그놈의
영어 때문에

제가 주일학교에서 중3을 맡은 적이 있습니다. 그때 중등부 담당 전도사는 대학에서 영문학을 전공한 뒤 무역회사에 오래 다니다가 뜻한 바가 있어 신학 공부를 하고 막 부임한 분이었습니다. 그분은 학생들을 가르치기 위해서는 먼저 주일학교 선생들이 훈련을 받아야 한다고 했습니다. 매 주일 아침, 선생들은 학생들보다 한 시간 먼저 와서 기도하고 성경구절을 외우기로 한다고 일방적으로 정하셨습니다. 물론 영어로도 외워야 했습니다.

첫째 주에는 그래도 열 명 정도의 선생들이 나와 성경구절을 외웠습니다. 한국말로 외우는 것도 벅차서 영어는 그저 시늉으로만 했습니다. 그다음 주부터 선생들의 출석률이 현저히 떨어지더니 나중에는 저와 한 여 집사 두 명만이 우리 교회의 명예를 위해서 할 수 없이 나와 입만 벙긋댔습니다.

그때 잘해 둘 것을 그랬습니다. 저는 몰랐지만, 하나님은 제가 그 훈련을 잘 받았으면 지금 당하는 고난을 면할 수 있을 것을 미리 아셨을 것입니다.

캐나다에 와서 다니는 조그만 한인교회에는 론과 샌디라는 캐나다인 부부가 출석하고 있습니다. 정말 좋은 그리스도인들인 그들은 자기 집을 오픈해서 한국 학생들에게 성경 공부 장소로 제공해 주기도 하고, 영어를 가르쳐 주기도 하고, 집을 구하지 못한 학생들을 머무르게도 해주며, 그 밖에 도움이 필요한 한국 사람들을 기꺼이 도와주고 있습니다. 저는 그 부부를 볼 때마다 서양 선교사라는 이유로 인색한 평가를 받고 있는 구한말 우리나라에 왔던 선교사님들이 생각납니다. 그들이 베푼 순수한 그리스도의 사랑을 우리는 정치적이고 국수적인 입장에서 자꾸 폄하하는 것은 아닌가 반성을 하면서 말이지요.

그러나 그들 부부는 한국말을 전혀 이해하지 못했고, 부끄러움이 많은 우리 한국 성도들은 그들 옆에 앉기를 꺼려해서 늘 두 사람만 동그마니 앉아 있었습니다. 제 남편은 그 모습이 영 편치 않아 영어는 잘 못하지만 기회가 되면 그들 곁에 앉아서 예배 내용을 전해 주어야겠다고 생각했던 모양입니다.

어느 날, 론과 샌디가 말을 알아듣지 못해 더 이상 우리 교회에 나올 수가 없다고 하더군요. 그리고 하나님이 제 남편의 속마음을 알고는 목사님을 통해 그들 부부의 통역을 저희에게 맡기셨습니다.

저희가 이 일에 쓰이게 된 것은 영어를 잘해서가 아니라, 주일에 빠지지 않고, 그들을 돕겠다는 마음의 준비가 되어 있고, 주일학교 교사를 해서 성경 지식이 좀 있고, 더불어 영어를 못해도 기죽지 않을 만큼 두꺼운 안면근육을 가지고 있다는 장점 때문이었습니다.

그러나 쉬운 일이 아니었습니다.

"……엿장수가 복권에 당첨되었는데 그만 너무 좋아서 엿목판을 강에 휙 던져 버렸어요. 아, 그런데 그 안에 복권이 들어 있었지 뭡니까?"

엿장수? 엿장수가 영어로 뭔가요? 엿목판은 또 뭐라고 번역을 해야 할까요? 캐나다에는 없는, 엿장수가 가지고 있는 한국적인 이미지를 어떻게 영어로 옮겨야 하나요? 한국말로 재미있게 들려주시는 목사님 설교 때문에 성도들은 깔깔대고 웃는데, 왜 그렇게들 웃는지 궁금해하는 샌디에게 이것을 통역해야 하는 저는 뒤죽박죽, 우왕좌왕……. 속옷은 진땀으로 축축하고 머릿속은 한국말과 영어가 엉켜서 나중에는 "아엠 소리, 나중에 적어서 드릴게요. 아이고 이건 한국말이네. 넥스트 타임 아일 라이트 투 유" 하며 겨우 끝내야 했습니다.

또 목사님의 설교 가운데 인용하시는 무수한 성경구절을 영어로 옮길 때마다, 그때 영어 성경구절을 잘 외워 두었으면 지금 얼마나 도움이 되었을까 하면서 후회했지요.

제가 뼈저리게 느낀 것은 신약성경, 그중에서도 예수님과의 대화체가 많은 사복음서를 영어로 달달 외우다시피 하면 정말 영어 회화에 도움이 된다는 것입니다. 그리고 영어로 성경을 읽으면 한글에 너무 익숙해서 그냥 넘어가 버리던 구절들이 아주 신선하게 재해석된다는 것이지요. 영어도 공부하고 은혜롭기도 하니 이보다 더 좋은 영어 학습 방법이 없는 것 같습니다.

좋든 싫든 미국의 영향력이 전 세계적으로 미치다 보니 정치, 경제, 문화, 그 밖의 모든 영역에서 영어를 모르고는 세계적인 흐름에 끼어들 수 없게 되어 버렸습니다. 어떤 작가는 우리나라에서도 한국말과 함께 영어를 공용어로 써야 한다는 주장까지 했지요. 발음은 이상하지만 영어 소통에는 문제가 없는 인도 사람이나, 싱가포르 사람, 필리핀 사람들을 보면서 그 주장에도 일리가 있다는 생각을 합니다. 만약 영어만 자유로우면, 머리 좋고 열심히 일하는 한국 사람들이 세계적으로 더 많은 일들을 해낼 수 있을 겁니다.

더구나 큰 비용을 들여가면서 영어권으로 언어를 배우러 나오는 학생들과, 그들을 따라오는 엄마들, 한국에 혼자 남아서 돈을 벌어서 부치는 남편들에 관한 소식을 들을 때마다 그런 안타까움은 더합니다. 그놈의 영어 때문에 멀쩡한 부부들이 헤어져서 살고, 아이들은 아빠가 감당해야 하는 가정교육을 받지 못하고, 애들은 애들대로 정체성 문제로 고생하고……. 영어가 중요하지만 아무리 생각해도 이것은 정상이 아닙니다. 하나님도 그리 생각하실 것입니다.

한국에 있어도 영어를 잘할 수 있는 방법이 틀림없이 있을 겁니다. 영어 때문에 고생을 많이 하는 저도 영어 공부의 온갖 비법을 소개한 책들을 섭렵했습니다만, 그러나 결론적으로 보면 많이 읽고, 쓰고, 듣고, 말하는 것이더군요. 언어 습득에는 왕도가 없습니다.

한국뿐만 아니라 지금 세계적으로 부는 영어 공부의 열풍은 강력한 미국의 힘 때문이지요. 미국 주도의 글로벌 체제에 반발하는 운동도 만만치는 않습니다만, 저는 도리어 하나님이 바울에게 이방선교를 맡기시던 때를 다시 한 번 생각합니다. 그때 역시, 강한 로마제국의 영향으로 지중해는 물론 북아프리카와 북

유럽, 페르시아에 이르는 방대한 지역에서 로마법과 언어가 통용되던 때였습니다. 그 기회를 타고 기독교는 세계적 종교로 확산되어 갔습니다. 그렇다면 영어가 세계어로 자리 잡아 가는 지금이 하나님이 계획하신 또 한 번의 이방선교의 시기는 아닐까요. 특히 무너진 공산권 나라와 중국 본토에서도 영어를 배우려는 열기가 높다고 들었습니다. 영어는 잘하지만 선교의 열정을 잃어버린 미국이나 캐나다보다는, 선교의 열정도 있고 지리적으로도 가까운 우리 한국의 그리스도인들에게 혹시 하나님이 이 일을 맡기시려는 것은 아닐까요? 그놈의 영어 때문에 고생은 하지만 부디 열심히 해서 하나님 나라를 넓히는 데 쓰임을 받았으면 좋겠습니다.

절대로, 절대로, 절대로

눈이 큼직하게 잘생긴 데이비드는 우리 아들 친구였습니다. 매일 아침, 학교에 함께 가려고 우리 집에 들르는 데이비드를 문간에 세워 둔 채 느림보 거북이 아들은 이도 닦고 가방도 챙겼지요. 우리가 한국으로 돌아간다고 하니까 매우 슬퍼하던 그 녀석은 자기도 조금 있으면 빅토리아를 떠나 캠벨리버 근처로 갈 거라고 하더군요.

"왜? 이사 가니?"

"아니에요. 이젠 아빠한테 가서 살아야 해요."

부모가 이혼한 데이비드는 평소에는 엄마와 의붓아버지와 함께 살다가, 여름방학이나 크리스마스휴가 때는 아버지와 의붓어머니가 사는 캠벨리버에 다녀오곤 했는데, 무슨 사정이 생겼는지 이제는 아버지 쪽으로 가서 학교를 다녀야 한다고 하네요. 이혼이 보편화된 캐나다이지만, 그래도 이혼한 부모를 따라 이리저리 옮겨 다니는 아이들을 보면 가슴이 아픕니다.

제게 영어를 가르치던 크리스티나 역시 이혼한 부모 밑에서 왔다갔다하며 자랐습니다. 이혼이 흔한 곳에서는 아이들도 그 문화에 쉽게 적응되어 상처가 적지 않느냐고 제가 그녀에게 물었습니다. 사실 어떤 학자들은 그런 주장을 하기도 하니까요. 그러나 크리스티나는 정색을 하며 대답했습니다.

"절대로 아니에요. 저는 부모님의 이혼 때문에 너무 슬프고 아팠어요. 상처가 없는 것이 아니에요. 그저 할 수 없으니까 상황을 받아들이는 것뿐이지요."

이제 우리나라가 OECD 회원국 가운데 이혼율이 1위가 되었습니다. 이혼하는 부부 열 쌍 중 일곱 쌍이 20세 미만의 미성년자 자녀를 두고 있다고 하니 이젠 우리나라에서도 아이들이 재혼한 엄마아빠 집에 번갈아 살며 학교에 다니는 모습이 흔해질 것입니다.

"눈만 감으면 가슴이 다 벌렁벌렁해요. 미운 생각에 밤에도 잠을 잘 수가 없어서 밤새 가슴을 쥐어뜯으며 미친 여자처럼 동네를 헤매고 다녔어요. 도박판에 가서 애비를 찾아서 끌고 나오는 우리 애들도 불쌍하고……. 애들 등록금까지 훔쳐 집에도 안 들어오는 사람과 어떻게 더 살겠어요. 겨우 장만한 집까지 팔고 지하 방 한 칸에 세 들어 살게 되었으니 앞으로 어찌 살아야 할지. 아이들도 지 애비 몰래 우리끼리 이사 가자고 해요. 도박은 죽기 전에는 못 끊어요."

"나 말고도 여자가 한둘이 아니에요. 생활비도 안 주고, 여차하면 때리고 거짓말하고, 빚도 많으면서 할부로 새 차를 뽑아서 폼 잡고 몰고 다니고……. 아이를 생각하면 그냥 참고 살아야겠지만, 이젠 더 참을 힘도 없고 참고 싶지도 않네요. 재혼이라 더 잘 살아 보려고 발버둥을 쳤는데……. 우리 아이는 입양 기관에 보내야겠어요. 나같이 형편없는 에미 밑에서 고생하느니 다른 양부모를 만나는 것이 더 행복하지 않겠어요?"

"시댁 식구들이 모두 남묘호렌게쿄를 믿고 있더라고요. 남편도 그곳에서 나온 돈으로 학교를 다녔고요. 제가 그리 큰 믿음을 가진 것은 아니지만 그래도 교회 다녔던 사람인데 매일 식구끼리 모여 앉아서 귀신 부르는 소리가 끔찍했어요. 우리 아이에게도 그 주문을 외워야 한다고 은근히 부추기는 시어머니도 겁났고요."

"시어머니가 저보고 방구석에 무릎 꿇고 앉아서 잘못을 반성하라고 하시대요. 제가 밤새 그러고 벌을 섰어요. 다음 날 출근

해야 하는데요. 결혼 전에는 저에게 교회 다니는 것은 자유롭게 하라고 하시더니 결혼 후에는 집안의 전통에 따르라고 하시더 군요. 남편도 이젠 저와 아이들이 교회에 다니는 것을 아주 싫 어합니다."

"남편이 정신적으로 저를 너무 학대합니다. 저를 고통스럽게 하는 일은 무엇이든지 하지요. 무서워서 견딜 수가 없어요. 교회 도 같이 다니고 남들 보기에는 다정한 부부 같지만, 저는 남편으 로부터 도망가고 싶습니다."

모두 제 귀로 직접 들은 이야기입니다. 참고 살아 보라는 말이 차마 떨어지지 않는 그녀들은 그저 평범하게 교회에 다니는 제 이웃에 사는 자매들이지요.

위의 다섯 쌍 중 두 쌍은 이미 이혼을 했습니다만, 세 쌍은 하 나님의 은혜로(진실로 하나님의 은혜가 아니면 견딜 수 없을 거라고 생각합니다) 아직 같이 살고 있습니다. 그런데 놀라운 것은 위의 부부 가운데 나이 드신 한 쌍만 제외하고는 모두 연애결혼을 했 다는 사실입니다.

배반할 거라고는 전혀 생각지 못했던 착한 인상의 남자, 대륙 을 횡단하면서까지 사랑하는 자매를 찾아왔던 사람, 중학교 시 절부터 대학을 졸업할 때까지 순수하게 사랑을 주었던 형제, 결혼을 위해서는 신앙도 포기하고 싶을 만큼 좋았던 인격적인 청년……. 지금 그들이 처해 있는 결혼 생활의 고통과는 전혀 어울리지 않는 사랑의 이야기가 그 결혼의 시작에는 분명히 있었습니다. 그 자매들도 그 이야기를 들려줄 때에는 얼굴에 미소가 감돌았으니까요.

그러나 사랑은커녕 증오와 폭력밖에 남지 않은 그들의 결혼 생활을 보면, 누구라도 지옥 같은 고통에서 빠져나오는 길은 이혼밖에 없을 거라고 말해 줄 것입니다. 애들을 위해서라도 이혼하는 것이 낫겠다고 할 정도이니까요.

그러나 이혼한 자매들이 겪는 더 큰 고통을 본 지금은 생각이 바뀌었습니다. 비록 사랑이라는 감정이 3개월 정도 지속되는 호르몬 작용이라는 과학적 분석이 나왔다 하더라도, 첫 단추가 사랑으로 시작된 결혼이라면 끝까지 견뎌 보라고 권하고 싶습니다. 하나님이 당신의 사랑하는 자녀들을 위해 하실 일은 아무도 모르는 것이니까요. 하루만 더 참으면 놀라운 하나님의 역사를 경험하게 될 수도 있으니까요.

일본의 화장터에서는 고인의 타다 남은 뼈 한 쪽을 생전에 가장 가까웠던 사람에게 빻게 한다더군요. 그곳에서 사역하시던 목사님 말씀에 의하면, 속을 가장 많이 썩이다 죽은 남편의 뼈를

빨는 아내가 가장 많이 오열한다고 합니다.

세상에 완벽한 결혼은 없을 겁니다. 노력하는 결혼이 있을 뿐이지요. 심리학자이며 크리스천 상담가인 래리 크랩은 처칠의 유명한 연설을 인용하여 이렇게 말했습니다.

"절대로, 절대로, 절대로, 절대로, 절대로, 절대로, 절대로, 절대로, 절대로 결혼 생활을 포기하지 말라."

사랑의 마지막 공동체인 가정들이 무너지는 것을 보면서 예수님도 그렇게 말씀하실 겁니다.

그리워라,
아주 하찮은 것들

　평소에도 흔히 있는 일이지요. 베란다를 너저분하게 만드는 허름한 빗자루나, 자리만 차지하는 플라스틱 그릇들, 누렇게 바랜 옷가지들, 너무 오래 써서 보기만 해도 미운 생각이 드는 양은냄비들, 이번에는 꼭 버려야지 벼르면서도 자꾸 잊어버리고 구석에 넣어 둔 온갖 하잘것없는 물건들과 오래된 책과 신문들……. 그래서 어느 날 용기를 내어 깨끗하게 처리해 버리고 나면, 이상하게 그날 당장 행주를 삶을 허름한 냄비가 필요하고, 베란다 세탁기가 얼지 않도록 감아 놓을 헌옷이 아쉽고, 아이들이 "오늘 학교에 폐품 가지고 가는 날인데 신문지가 왜 이렇게 없어요?" 하고 물어와 "괜히 버렸네" 하며 후회했던 경험들이 있지요.

　이번에 캐나다의 빅토리아로 이사를 하면서 저는 구질구질하고 허접스러운 것들을 가차 없이 정리하고, 깨끗하고 좋고 귀중한 것으로만 짐을 꾸렸습니다. 짐 가방 안에는 어느 것 하나 버릴 것 없는 알짜배기들만 들어 있었습니다.

그러나 도착 다음 날부터 당장 필요한 것들은 애써 꾸려 온 귀한 물건들이 아니었습니다. 필요 없을 듯해 갖고 오지 않았던 하찮은 것들이었지요. 우선 쌀 씻을 올록볼록 홈이 있는 바가지가 매우 아쉬웠습니다. 여긴 한국 사람들이 별로 살지 않는 곳인데다가 쌀이 주식이 아닌 나라이니 어딜 가도 그런 바가지는 구할 수가 없었습니다. 개수대 안에 두고 음식 찌꺼기를 거를 조그만 플라스틱 망 바구니는 또 어디 가서 구해야 하나요. 음식을 볶을 때 쓸 긴 나무젓가락과 계란을 뒤집을 날렵하게 생긴 대나무 뒤집개도 음식을 할 때마다 생각이 났습니다. 가구와 마루를 닦을 걸레로 쓸 헌옷과 동대문시장에 나가면 지천으로 깔려 있을 만 원에 대여섯 장씩 파는 흰색 면 티셔츠들과 양말들, 매일 샤워하기는 그렇고 간단하게 세수하고 발을 닦을 플라스틱 세숫대야, 속옷을 삶을 낡은 양은그릇들, 그리고 이태리타월……. 너무 흔해서 정말 아무렇게나 대접했던 물건들이 그동안에 받은 수모를 갚으려고 작정이라도 한 듯 저를 아쉽게 합니다.

흔하게 먹던 것들은 거의 원초적인 본능으로 그립습니다. 아이들은 새우깡과, 학교를 마치고 돌아오는 길에 사먹던 떡꼬치와 김밥을 애타게 먹고 싶어 하지요. 서울에서 오랫동안 이웃사촌으로 살다가 이민 오신 분을 얼마 전에 방문했는데, 아이들은 다른 좋은 음식을 다 제쳐 두고 짜장면을 허겁지겁 먹느라 입천장을 데고 말았습니다. 저는 냉면과 콩나물국이 꿈에도 나타나고, 우리 남편은 냄새날까 봐 끓이지 못하는 보글보글 청국장을 눈물나게 먹고 싶어 하지요. 비가 부슬부슬 오는 날 구수하고 따뜻하게 마시고 싶은 보리차와 옥수수차도 눈에 삼삼합니다.

옷도, 좋은 것보다는 후줄근해 보일까 봐 빼놓고 온 나일론 점퍼들과, 이곳 공동 세탁기와 건조기에 넣어도 줄어들지 않을 막 입는 싸구려 티셔츠들이 아쉽습니다.

가치라는 것은 절대적인 것이 아니었습니다. 또 흔하다고 가치가 없는 것도 아니었습니다. 가치를 몰랐다고 하면 말이 되겠지요. 이 세상의 모든 물건에는 만든 사람이 정해 준 가치가 반드시 있기 마련입니다. 사람들이 가치를 인정하건 말건 상관없이 말입니다.

장애인주일에 저희 교회에서는 특별한 세례식이 있었습니다. 세례를 받는 90명 가운데 18명이 우리 교회에 다니고 있는 청각 및 복합 장애를 지닌 청년들이었습니다. 자꾸 뻗치는 몸을 애써 추스르면서, 가끔 이유 없는 소리를 지르기도 하고, 멍한 채 옆 사람에게 끌려가기도 하며, 많은 사람 앞에 선 것이 정말 부담스러운지 딱딱하게 굳어 어쩔 줄 모르기도 하고, 혹은 즐거운 듯 함박웃음을 터뜨리기도 하면서 그들은 한 사람씩 강단에 올라 목사님께 세례를 받았습니다.

한 사람, 두 사람……. 평생 주위 사람들에게 도움을 받고 살아야 할 그들이 부자유한 몸으로 세례를 받을 때마다, 누가 무슨 메시지를 전한 것도 아닌데 예배당 안에 있던 성도들이 모두 울기 시작했습니다. 목사님도 목이 메어 "세례를 주노라"라는 말씀이 겨우 비집고 나올 지경이었습니다. 옆에서 물을 들고 있던 장로님은 숫제 어깨를 들먹이며 우셨습니다. 노랗게 물들인 머리를 용수철처럼 꼬아 올려 여러 사람의 눈초리를 받던, 제 앞에 앉아 있던 청년은 하도 울어 옆으로 쓰러지기까지 했습니다. 인생에 대해 뭘 알까 싶은 젊은이들도, 세상의 신산고초를 다 겪으신 노인들도 흐르는 눈물을 주체할 수가 없었습니다.

이상한 감동이었습니다. 평소에는 무심코 그냥 지나쳤고 가끔은 곁에 있는 것이 귀찮게 여겨졌던 장애우들이 그저 매해 있는 세례식에 참여한 것뿐인데, 우리는 정말 눈물을 참을 수 없었습니다.

한 앗사리온에 두 마리가 팔리는 작은 참새들을 본 것 같았습

니다. 우리들이 하찮다고 제쳐 둔 그들을 손수 돌보시는 하나님의 손길이 느껴지는 것 같았습니다. 그리고 그들보다 수천 배 감사의 기도가 넘쳐야 할 우리들이 헛된 욕심으로 스스로를 죽이고 있는 것을 안타까워하시는 하나님의 음성이 들리는 것 같았습니다. 아무 대책도 없이 은혜에 의지해서 사는 그들보다 못한 우리의 믿음과 감사 없음이 부끄러워 우리는 회개의 눈물을 마냥 흘렸습니다. 다른 사람들에게 의지해야 하는 연약한 자들을 왜 하나님은 이 세상에 보내셨을까 하는 의문들이 눈 녹듯이 사라졌습니다. 그들은 자신이 강해야 살아남을 수 있다고 믿는 우리 인생들에게 주신 하나님의 살아 있는 메시지였습니다. 모든 피조물에게는 하나님이 정하신 가치가 반드시 있다는 것이지요.

최근에 이력서를 쓸 일이 있었습니다. 중요한 것만 간추리니 겨우 두 줄로 끝나더군요. 보잘것없었습니다. 제가 귀하게 여겼던 것들은 인간의 공식적인 문서에는 쓸 수가 없는 것들이었습니다. 몇십 년 동안 살아온 자취가 인간의 기록으로는 그게 다였습니다. 내일 아궁이에 던져질 들풀이나 흔한 질그릇이 따로 없었습니다.

그렇다고 서운하냐면 절대로 그렇지 않습니다. 하나님도 쓸모가 많은 질그릇들을 다른 귀한 그릇들보다 많이 만들어 내셨을 테니까요. 그리고 흔하다고 해서 가치가 없지 않음을 안 지금, 저는 들풀들에게 허락하신 자유롭고 소박한 행복을 누리려고 합니다. 그분에게 아낌없이 쓰임을 받다가 깨져 흙으로 돌아갈 그 날을 기다리면서…….

"큰 집에는 금 그릇과 은 그릇뿐 아니라 나무 그릇과 질그릇도 있어 귀하게 쓰는 것도 있고 천하게 쓰는 것도 있나니 그러므로 누구든지 이런 것에서 자기를 깨끗하게 하면 귀히 쓰는 그릇이 되어 거룩하고 주인의 쓰심에 합당하며 모든 선한 일에 준비함이 되리라"(디모데후서 2:20-21).

알짜배기
인생

얕은 물의 깊이는 10센티미터가 채 안 돼 보였습니다. 등지느러미를 곧추세우고 퍼덕이면서 돌진하는 연어의 몸통이 거의 드러날 정도였으니까요. 깊은 웅덩이라고 해봤자 소년의 허벅지까지밖에는 올라오지 않는 냇물이었습니다. 어제 내린 비 덕분에 물살은 더욱 세게 밀려 내려왔습니다.

연어들은 기를 쓰고 물살을 거스르면서, 쓰러진 나무들 밑으로 혹은 그 위를 뛰어오르면서 올라오고 있었습니다. 여행에 지친 연어들은 물이 조금 괴어 있는 웅덩이에서 쉬었다가, 다시 얕은 물에서 꼬리를 힘차게 흔들어 자갈들을 밀어내고 알을 깠습니다. 아마 그 암컷은 꼬리지느러미가 다 해져서 떨어져 나갈 때까지 예닐곱 차례 알을 낳으며 상류로 올라갈 것입니다.

그 곁에는 서너 마리의 수놈 연어들이 날카로워진 주둥이와 이빨로 서로를 밀어내면서 자신의 정액을 쏟을 기회를 찾고 있었지요. 암놈이 알을 낳은 지 10초 안에 수놈이 정액을 쏟아야 한다는데, 덩치는 컸지만 어째 빌빌해 보이는 수놈 연어가 자그마한 대추방망이 같은 놈에게 자꾸 밀려났습니다. 그놈은 벌써 기력을 잃은 것 같았습니다.

물길을 잘못 들어선 연어들도 있었습니다. 간혹 거스르는 물살에 지친 물고기들이 냇물 가로 움푹 파인 잔잔한 물로 들어서지요. 그러나 그곳은 알을 낳을 수 있는 자갈이 깔린 상류로 들어가는 길이 아니라 물이 고여 있는 늪으로 가는 길이지요. 흐르는 물은 수온이 낮지만 고여 있는 물은 수온이 높아서 연어들은 그곳에서 자신의 본분을 다하지 못하고 그만 죽어 가는 수밖에 없습니다. 연어에게나 인간에게나 넓고 편한 길에는 생명이 없기 마련인가 봅니다.

4년 만에 바다에서 돌아온 연어들은 시내를 거슬러 올라가면서 알을 낳고 정액을 쏟은 다음 대략 열흘 정도면 모두 죽는다고 합니다. 곧 있으면 이 작은 시내에는 30톤에 달하는 연어의 시체를 먹기 위해 독수리들과 갈매기들이 하늘을 까맣게 덮을 것입니다. 벌써 하얗게 배를 드러내고 죽은 연어들이 물 위로 가로지른 나무 위에 너부러진 채 비린내를 풍기면서 썩고 있었습니다. 연어들은 단지 알을 낳고 그리고 죽기 위해 그렇게도 기를 쓰면서 고향으로 돌아왔나 봅니다.

개울가 안내 표지판에는 이렇게 쓰여 있었습니다.

"요람이면서 무덤인 곳."

연어들은 죽음이 기다린다는 것을 본능으로 알았을까요? 그러면서도 하나님이 세우신 질서에 복종하기 위해 몸이 너덜너덜해지도록 물살을 거스르면서 헤엄을 치고 알을 낳고 그리고 죽어간 것일까요? 우리 집 아이들이 "연어들이 너무 불쌍해" 하며 빨리 집에 돌아가자고 보챘습니다. 죽음의 현장에는 어디서나 엄숙한 삶의 근본에 대한 질문들이 알 수 없는 부담을 주며 마음을 뒤흔들기 마련이니까요.

제가 대학에 다니던 70년대 후반부터 여성학 강의가 처음으로 대학에 개설된 것으로 기억합니다. 보통은 여성으로 태어난 것에 대한 억압의 역사로부터 시작해서 '암컷' 이상으로는 대접을 해주지 않는 사회와 그 주체인 남성에 대한 분노, 마지막으로 여성으로서의 자부심을 회복하고 '나는 지나간 시절의 우리 엄마처럼 살지 않겠어' 하는 결심을 하게 되지요. 저의 지나간 대학 노트 구석구석에는 다소 감정에 복받친 듯한 글귀들이 눈에 띕니다.

"절대로 손해 보는 삶을 살지 않겠다. 거룩한 희생이니 여성의 미덕이니 썩는 밀알이니 하는 달콤한 말로 여성을 억압하는 이 사회의 질서는 결단코 따라가지 않겠다……. 춥고 어둡고 외롭고 힘이 들더라도 마치 연어가 폭포를 거스르며 오르듯 나 자신만의 삶을 찾아 살아갈 것이다."

젊을 때는 다 그런 패기가 있고, 열정이 있지요. 그러나 그때 저는 연어가 오직 후손을 남기기 위해 죽어라 그 험한 물길을 헤친다는 것을 몰랐습니다.

대기업에서는 여자들의 입사 원서도 받아 주지 않던 시절이었기에 취직의 기회란 바늘구멍 같았습니다. 이런저런 직업을 전전하다가 저는 결혼을 하고 아이 둘을 낳은 다음에 그렇게도 싫어하고 두려워하던 '집에만 있는 우리 엄마'의 삶으로 들어가게 되었습니다. 조금 더 어려운 책을 읽을 줄 안다는 사실 이외에는, 재봉틀도 못 돌리고 장도 못 담그는, 실제로는 '어머니세대' 보다 더 열등한 엄마가 되어 집에 있게 되었습니다.

비참할 거라고 생각했습니다. 나의 삶이 남편과 자식들 뒤치다꺼리에 소모되고, 나라는 존재는 나중에 아무것도 남지 않을 테니까요. 아장거리던 아이들은 이미 저의 키를 넘어섰고, 이제 저와 남편은 죽음이 기다리는 곳을 향해, 아이들은 넓은 바다를 향해 더 가까이 섰습니다. 저는 역시 아무것도 되지 못했습니다. 그러나 전혀 비참하거나 슬프지 않습니다. 도리어 '주는 삶'과 '썩는 밀알'의 삶이 진짜 알짜배기 삶임을 깨닫고 감사할 따름입니다.

통나무 장작이 타닥거리며 타오르는 자그마한 인포메이션센터 안은 10대 아이들로 가득 차 있었습니다. 가이드에게서 이곳 골드스트림에 사는 연어에 대해 듣던 청소년들이 지루하다는 듯 하품을 했습니다. 그들 뒤에서 저와 남편을 비롯한 나이 지긋한 사람들은 사뭇 진지하게 연어의 삶을 듣고 있었습니다. 그러나 제가 내기를 걸어도 좋습니다. 아마 20년 뒤, 하품을 하며 연어 이야기를 듣던 저 아이들이 자기 자식의 손을 잡고 이 시냇가를 틀림없이 찾을 거라고. 결혼을 하고, 자식을 낳고, 그들을 기르면서 몸과 마음이 부스러지는 것을 경험한 다음에는 연어의 삶이 이해가 될 테니까요.

젊은 가이드는 이렇게 말을 마쳤습니다.

"알을 낳고 죽거나 독수리 밥이 되는 연어의 삶이 슬프게 느껴지지요? 저도 처음에는 그랬습니다. 그러나 지금은 그렇게 생각하지 않습니다. 그들은 책임을 다했습니다. 책임을 다한 삶은 훌륭한 것입니다."

시냇가로 이어진 오솔길을 걷다가 마주 오는 아버지와 아들을 만났습니다. 아버지는 아들에게 무엇인가 설명해 주려고 애를 쓰고 있었습니다. 스쳐 지나가며 그 아버지는 우리에게 이렇게 말했습니다.

"장엄합니다!"

그 아버지의 손에 이끌려 가는 다 큰 아들은 아무 때나 소리를 지르는, 몸과 마음이 성치 않은 아이였습니다. 자식을 기르는 고통을 수십 배로 겪어 낸 듯 반백이 다 된 그 아버지의 뒷모습은 후손을 남기느라 생명이 반쯤 빠져나간 수컷 연어를 보는 듯했습니다. 그러나 하나님이 정하신 어미아비가 되는 일에 생명을 건 연어처럼 그 아버지의 모습이 세상의 무엇보다도 장엄해 보였습니다.

왕따
탈출기

제 딸이 고등학교 1학년 때, 같은 반 여학생 중 독특한 아이가 있었습니다. 리더십도 있고 공부도 잘하는데 질투심이 넘치는 아이였나 봅니다.

"쟤 기분 나쁘다. 놀지 말자."

그 아이가 한마디만 하면 여자애들이 그 애가 지목한 아이를 왕따시켰습니다. 이유도 다양했습니다. 저는 몰랐는데 우리 딸도 그 아이가 주동이 되어 왕따를 당했다고 합니다.

"그러거나 말거나 신경 끄고 내 할 일 했더니 그냥 흐지부지 지나갔어요."

그것도 왕따를 극복하는 한 가지 방법이었습니다. 우리 딸은 그렇게 넘어갔지만, 다른 애들은 문제가 심각했습니다. 왕따를 당한 아이 엄마들이 선생님께 알렸어도 달라지지 않았습니다.

문제는 학년 말에 터졌습니다. 그동안 괴롭힘을 당했던 애들끼리 만나서 대화를 해보니 그 여학생이 거짓말로 친구들 사이를 이간질한 것들이 속속 드러났기 때문입니다. 왕따를 당하던 애들끼리 뭉치니 더 무서웠습니다. 자기가 막상 왕따를 당하자 견딜 수 없었는지 그 여학생은 결국 다른 학교로 전학을 가고 말았습니다.

요즘, 아이들을 학교에 보내는 엄마들의 가장 큰 걱정거리는 집단 따돌림입니다. 예전에도 텃세나 따돌림이 있었지만 지금처럼 병적이고 잔인하지는 않았던 것 같습니다.

초등학교 4학년 봄, 저는 전학을 갔습니다. 맹자 모친 못지않게 교육열이 높았던 엄마가 사립학교로 저를 옮겨 버린 것이지요. 전학 간 첫날처럼 두렵고 떨리는 날이 있을까요. 쉬는 시간에 아무도 말을 걸어 주지 않고, 혼자서 점심을 먹어야 하는 쑥스럽고 참담한 순간을 잊을 수가 없습니다.

그 학교는 일등부터 꼴찌까지 성적순으로 앉았습니다. 수우미양가 분단 가운데 제 자리는 '미' 분단 끝이었습니다. 들어갈 때 치른 시험 성적이 그 정도였나 봅니다. 공부도 못하고, 예쁘지도 않고, 게다가 엄마가 시장에서 감을 끊어다가 만들어 주신 교복은 색깔만 비슷할 뿐 학교 지정 양장점에서 맞춰 입은 다른 애들 것과는 완전히 달랐습니다. 가뜩이나 위축된데다가 교복까지 이상하니 더 죽을 맛이었습니다. 그때 '우' 분단 앞줄에 앉아 있던 어떤 여자애가 슬며시 다가왔습니다.

"넌 어느 학교에서 전학 왔니?"

그렇게 달콤한 인사가 어디 있을까요? 숨통이 트이는 듯하더군요.

알고 보니 나보다 며칠 전에 전학을 온 아이였습니다. 외로운 아이들 두 명이 뭉쳤습니다. 한 명이라도 친구가 생기니까 학교 가는 게 덜 두려웠습니다. 생일잔치에 초대를 못 받아도 둘이니까 견딜 만했습니다. 2학기에 그 친구는 반장선거에 나갔고, 저는 열심히 선거운동을 해서 그 친구가 부반장에 뽑히게 해주었습니다. 우리 둘은 성공적으로 학교에 적응했습니다.

인간은 사회적 동물이라 어디를 가든지 텃세가 있고, 왕따가 있습니다. 학교뿐 아니라 회사에도 있고, 군대에도 있고, 심지어 교회 안에도 있지요. 아주 악의적인 왕따는 법적으로 막아야 하지만, 인간사회 어디에나 있는 텃세와 왕따를 법으로 다 해결할 수는 없습니다. 이것도 사회성을 기르는 계기라고 생각하고 적극적으로 대처해야 합니다.

제가 새로운 조직 안으로 들어가는 아이들에게 해주는 말이 있습니다.

"먼저 손 내밀고 친구를 만들어라." 왕따를 면하는 첫 번째 법칙입니다. 외로울 땐 친구가 딱 한 사람만 있어도 큰 힘이 됩니다. 타인에게 먼저 손을 내밀려면 용기가 필요합니다. 예수님을 믿으면 그런 용기가 생깁니다. 그리고 그 정도의 용기가 있다면 어디를 가나 왕따는 당하지 않을 것입니다.

"약자끼리 빨리 뭉쳐라." 두 번째 법칙입니다. 약한 동물들은 뭉쳐야 합니다. 외톨이로 떨어져 있으면 맹수들의 공격 대상이 되니까요. 어떤 조직이든 소외된 사람들이 있기 마련인데 같이 뭉쳐 있으면 서로를 보호하게 됩니다.

그다음은 "담대하게 맞서라"입니다. 몸집이 작은 우리 아들도 초등학교 1학년 때 거친 애들에게 얻어맞은 일이 있습니다. 그래서 그런지 스스로 태권도장에 가겠다고 했습니다. 폭력을 이기려면 자기를 지킬 힘이 있어야 합니다. 왕따를 면하려면 마음의 힘을 길러야 합니다. 겁에 질리면 안 됩니다. 폭력을 휘두르고 왕따를 하는 사람들에게 그런 식으로 살아서는 안 된다는 것을 알려 줘야 합니다. 예수님 말씀대로 담대하게 맞서야만 합니다. 그것이 왕따를 시키는 애들과 당하는 애들 모두가 사는 길입니다.

자식의
고마움

길가 상점 앞에 철 지난 아기 옷을 걸어 놓고 세일을 하더군요. 앙증맞은 초록색 점퍼가 아주 예뻐 저도 모르게 손이 갔습니다. 순간 웃음이 피식 나왔습니다. 우리 아이들은 다 자라 대학생이 되어 엄마 곁을 떠났는데, 이 철없는 엄마 마음엔 아직도 제 손을 꼭 잡고 걷던 아기로 남아 있었네요. 살짝 눈물이 나더군요. 애들이 어느새 훌쩍 커서 어른이 된 것이 서운하기도 하고 대견하기도 했습니다. 그리고 참 고마웠습니다.

결혼 전까지만 해도 저는 애들을 좋아하지 않았습니다. 옆에서 아기가 생글거려도 예쁜 줄 몰랐습니다. 솔직하게 말하자면 주위에 아이들이 있으면 시끄럽고 귀찮다는 생각뿐이었죠. 그땐 이 세상이 저를 중심으로 돌고 있었습니다. 내가 좋은 것, 내가 싫은 것, 내가 맛있는 것, 내가 맛없는 것, 내가 즐거운 것, 내가 슬픈 것…… 말의 중심에 '나'란 말이 제일 많던 이기주의자였습니다. 사랑도 받는 것만 좋아했습니다. 아니, 사랑이 뭔지 확실히 몰랐다는 게 옳습니다. 낯가림도 심하고 병치레도 많았습니다. 비위가 약해 바퀴벌레만 봐도 체했고, 수시로 편두통을 앓았습니다. 인상은 어딘지 날카롭고 냉정했습니다.

그러던 제가 결혼을 하고 첫아이를 낳았습니다. 드라마에선 출산을 마친 산모가 아이를 안고 감동의 눈물을 흘리던데 저는 그러지 못했습니다. 생명을 낳은 경이로움보다는 왠지 두렵고 무섭고 부담스러웠습니다. 아무 방어능력도 없이 이 부족한 엄마를 믿고 험한 세상에 나온 아기가 걱정스러워 같이 울기도 했습니다. 각종 범죄들과 사건들, 지구가 오염돼 빙하가 녹고 오존층이 뚫려 피부암 환자가 늘어난다는 뉴스에도 가슴이 덜컥했습니다. 아기가 열이 오르거나 설사를 하면 최악의 상황까지 상상하며 걱정하던 저는 겁쟁이였고 울보였습니다.

2년 뒤, 둘째 아이를 낳았습니다. 저는 많이 변해 있었습니다. 똥 기저귀도 맨손으로 척척 갈고, 한쪽 팔에 보채는 아이를 끼고 다른 손으로 나물을 무칠 정도로 무쇠 팔뚝이 되었습니다. 아이가 토하면 뭘 먹고 잘못 되었나 손가락으로 토사물을 헤집어 보기도 했지요. 놀이터에 앉아 동네아줌마들하고도 쉽게 말을 텄습니다. 우리 아이들도 예뻤지만 코를 질질 흘리는 다른 아기들도 예뻤습니다. 세상에 단 하나밖에 없는 귀한 생명들이었습니다. 보약을 먹어도 찌지 않던 살이 어느새 투실투실 올랐습니다. 편두통은 아주 이따금만 앓았습니다. 저는 큰 소리로 잘 웃고 건강해지고 편안해졌습니다. 여자에서 엄마가 된 것이지요.

아이가 아프면 제가 대신 아팠으면 했고, 위험할 땐 아이 먼저 감싸 안았습니다. 제일 좋은 것은 아이들에게 주고 싶고, 더 주고 싶고, 많이 주고 싶고, 자꾸 주고 싶었습니다. 사랑은 정말 주는 것이었습니다. 아이들이 없었다면 목숨까지 대속물로 주신 예수님의 사랑을 저는 진정 몰랐을 겁니다.

아이를 기르며 하나님께 온전히 맡긴다는 것도 배웠습니다. 지뢰밭 같은 세상에 아이를 내놓고 하나님께 무조건 맡기지 않으면 걱정 때문에 살 수 없으니까요. 기도의 오지랖도 넓어졌습니다. 내 자식만 위한 게 아니라 이웃과 사회, 세계평화까지 진심으로 기도했습니다. 저는 언젠가 아이들 곁을 떠나 하나님께로 가지만, 남아 있을 아이들을 위해서라도 이 세상은 더 좋은 곳이 되어야 하니까요.

이웃에 사는 젊은 엄마가 한 아이만 낳고 그만 낳겠다고 해서 제가 "더 낳는 게 좋겠다"고 한마디 했더니 당장 이런 대답이 돌아오더군요.

"한 명 기르는 데 돈이 얼마나 드는지 아세요?"

망치로 한 대 얻어맞은 것 같았습니다. 아이를 기르면서 저는 돈보다 더 귀한 사랑도 배우고, 믿음도 배우고, 나름대로 더 바람직한 인간이 되었다고 자부했는데 말입니다.

간암으로 투병하던 친정아버지께서 병원에서 퇴원하시던 날이었습니다. 이불 봇짐을 든 자식들이 앞서거니 뒤서거니 아버지를 둘러싸고 주차장으로 걸어가고 있었습니다. 문득 아버지께서 우리를 둘러보며 말씀하셨습니다.

"참 고맙구나…… 자식들이 있다는 게…….."

평생 자식들을 위해 희생하신 아버지께서 아무것도 보답하지 못한 자식들에게 도리어 고마워하셨습니다. 사랑을 주고 주고 또 주고, 그러고도 모자라 '나를 믿어 줘서 고맙구나' 하시는 주님의 목소리로 들렸습니다. 자식은 부모에게 그런 선물이었습니다.

아, 얼마나
다행인가!

이제 키가 훌쩍 커서 엄마를 내려다보는 우리 아들이 저를 안아 줍니다. 탄탄한 어깨가 믿음직스럽습니다.

"건강하게 잘 지내고 돌아와. 예배 빼먹지 말고."

"걱정 마셈. 다녀올게요."

아들이 바리케이드 너머 육군훈련소 안으로 들어갑니다. 혹시나 돌아볼까 해서 저는 열심히 손을 흔들지만, 아들은 씩씩하게 앞만 보고 걸어가네요.

옆에 서 있던 어떤 남자가 "어헝……" 하며 울음을 터뜨립니다. 깍두기 모양의 짧은 머리에, 떡 벌어진 어깨, 긴 검은 코트, 어쩐지 조폭 냄새가 물씬 나는 건장한 아버지였습니다. 그 옆의 어머니와 할머니도 하염없이 눈물을 흘립니다. 논산훈련소 입구는 부모들의 울음바다입니다. 그러나 저는 울지 않았습니다.

"하나님, 우리 아들을 주님께 온전히 맡깁니다."

남편과 함께 담담하게 훈련소를 떠났습니다. 생명이라도 줄 수 있을 만큼 사랑하는 아들이지만, 제가 따라갈 수 있는 곳은 그 바리케이드 앞까지입니다. 그다음은 하나님의 영역이지요. 아, 얼마나 다행인가요. 전능하신 분께 아들을 맡길 수 있다는 것이!

처음 아들과 떨어지던 날이 기억납니다. 돌 지난 아이를 교회 유아부에 맡기고 돌아섰는데, 그때부터 울던 아들의 울음소리는 목청이 좋아 그런지 예배당까지 들리더군요. 그날 예배 도중 저는 불려 나가야 했습니다. 아이가 너무 울어 거의 기절하기 직전이라 담당 집사님이 저를 데리러 뛰어왔습니다. 눈물에, 콧물에, 딸꾹질까지 하는 아들은 목이 쉬어 가수 문주란처럼 저음으로 울었습니다. 얼마나 놀랐던지 기저귀 가득 설사까지 했더군요. 그 뒤로 한두 번 더 울었지만, 유아부 또래 친구들을 사귄 다음부턴 엄마가 가든 오든 관심도 없었습니다. 품안의 자식 꼬리표는 그때 확실하게 뗀 것 같습니다.

아직 말랑말랑하던 아들의 손목을 잡고 초등학교 입학식에 가던 날도 생각납니다. 신림동 꼭대기에 있는 집에서 좁은 골목길을 지나 큰길 두 개를 건너야 했습니다. 문성터널에서 곧장 내리막으로 치닫는 길엔 신호등 없는 횡단보도뿐이었습니다. 매해 여러 아이들이 교통사고를 당하는 그런 길이었습니다.

학교 앞 오르막길 양편에는 아이들의 코 묻은 돈을 유혹하는 것들로 가득 차 있었습니다. 좌판 위에는 정체불명의 과자들과 시커먼 기름에서 건진 핫도그, 떡꼬치, 만두가 잔뜩 쌓여 있고, 문방구 앞 스트리트 파이터 게임기에선 "하도켄 쇼류켄" 하며 요란한 기합소리가 났습니다. 아들의 눈 돌아가는 폼이 심상치 않았습니다. 앞으로 저 게임기 앞에서 밤톨 같은 우리 아들의 머리통을 자주 볼 것 같은 불길한 예감이 들더군요.

'아들을 지켜야지. 당분간 데리고 다니면서 이것저것 가르쳐야겠다.'

그러나 사흘째 되던 날, 매일 아침 아이와 함께 나서는 것을 봤는지 집에 도둑이 들어와 별것도 아닌 몇 가지를 훔쳐 갔습니다. 이날 이후 아들을 데리고 학교에 가는 것도 끝나고 말았습니다. 대신 가방을 메고 집을 나서는 아들을 보며 간절하게 기도해야 했습니다.

"주님, 우리 아들을 위험하고, 더럽고, 음란한 데서 지켜 주세요."

세상은 위험한 지뢰밭과 같습니다. 매일 터지는 사건 사고 소식을 들으면 불안해서 도저히 아이들을 밖에 내보낼 수조차 없을 것 같습니다. 거기에 경쟁은 또 얼마나 치열한가요. 부모들이 자식을 보호하기 위해 갖은 애를 쓰고, 경쟁에서 이기게 하기 위해 온갖 사교육을 퍼부어도 거긴 한계가 있습니다. 무엇보다 아이가 하나님을 믿지 않으면 말짱 꽝이 됩니다.

우리 아이들은 음치인 저를 닮지 않고 노래를 잘합니다. 어린 이성가대 덕분이지요. 노래 못하면 일부러라도 배우는데 얼마나 고맙습니까. 사람들 앞에서 발표를 할 때나 면접을 볼 때도 별로 떨지 않습니다. 추수감사절, 성탄절마다 교회무대에 올라 촌극도 하고, 율동도 하고, 성경암송도 했던 덕분이지요. 낯선 곳, 낯선 사람들 사이에서도 비교적 잘 적응하고, 기회가 닿는 대로 봉사를 합니다. 요즘 큰 회사에서 직원을 뽑을 때 가장 중요하게 본다는 스펙 중 하나 아닙니까? 술과 담배는 못합니다. 강력범죄의 75퍼센트가 알코올 때문이고, 술과 담배를 함께 할 때 암 발생률이 여덟 배나 뛴다고 하니 이 또한 얼마나 다행인가요?

모두 다 하나님 안에 있었기에 거저 배운 것들입니다.

최고의 학교는 역시 주님의 교회입니다.

04

우리 집 즐거운 동산이라

부부는 돈이 없었습니다.

남편 혼자 버는 외벌이라 나올 곳은 뻔한데

들어갈 곳은 수십 군데였습니다.

갈등이 생겼습니다.

남자는 시골 출신이라 가족에 대한 의무가 강했습니다.

여자는 도시에서 자라 이기적인 데가 있었습니다.

둘은 돈 때문에 격렬하게 싸웠습니다.

그러나 사도 바울의 권고대로

해가 지기 전에는 화해하려고 애를 썼습니다.

여자도 벌어 보려고 여러 번 시도를 했습니다.

그러나 아이들이 걸렸습니다.

마땅히 맡길 곳도 없고 그리고 싶은 마음도 없었습니다.

세상일은 할 사람이 넘치지만

아이들을 기르는 일은 여자 자신의 몫이었습니다.

결국 아이들이 엄마 손을 필요로 하지 않을 때까지

꾹 참고 집에 있기로 했습니다.

경제적으로 넉넉하지는 않았습니다.

대신 사랑하는 남편과 아이들과 함께하는

풍족한 시간을 누렸습니다.

지금 생각하니 정말 행복한 시간이었습니다.

막내가 중학교에 들어가면서

여자는 본격적으로 글 쓰는 일을 했습니다.

번역 일을 하고

드라마 작법을 배웠고

시나리오를 팔았습니다.

꿈이 있으면 너무 늦은 때는 없는 법인가 봅니다.

요즈음 맞벌이가 대세지만

취업 대신 집에서 아이 기르는 일을 하고 싶은 자매들이 있다면

그리하기를 권합니다.

궁핍해도 돈으로 살 수 없는 더 귀한 것들을

갖게 될 것입니다.

예기치 못한
선물

두세 살 언저리의 아이들을 둔 엄마들이 모여 성경 공부를 시작했습니다. 엄마들이 식탁에 둘러앉아 성경을 공부하는 동안 아이들을 한 방에 몰아넣고 장난감을 주면 저희끼리 잘 놀 줄 알았습니다.

그러나 시작 기도가 끝나기도 전에 집주인 격인 그 집 아들이 자기 장난감에 손을 댄다고 다른 아이를 때렸습니다. 맞은 아이는 울며불며 엄마를 찾아 나오고, 다른 아이들은 덩달아 집에 가자고 졸라 댔지요. 기도고 뭐고, 때린 녀석을 야단치고 맞은 아이를 어찌어찌 달래 놓고 다시 성경을 읽고 있자니, 한 놈은 오줌 마렵다고 나오고, 한 놈은 졸린다고 엄마 등에 매달렸습니다. 탁자에서 떨어지는 놈이 없나, 잠깐 사이에 목욕탕으로 잠입해

변기 속의 물을 휘저어 세수하는 놈이 없나 하루도 쉽게 넘어가는 날이 없었습니다.

성경 공부가 끝나고 엄마들이 돌아가면 집 안은 전쟁터 같았습니다. 먹다 남은 과자 부스러기며, 남김없이 쏟아져 나온 장난감들, 겉장이 주욱 찢어진 채 널브러져 있는 책에, 벽에는 크레용 낙서, 끈끈한 방문 손잡이들. 오죽하면 "이번 주까지만 하고 우리 성경 공부 그만합시다"라는 말이 안 나온 적이 없었습니다.

그래도 외롭고 힘이 들었던 엄마들은 아이 하나는 손에 잡고 하나는 등에 업고 다음 주면 틀림없이 성경 공부에 모였습니다. 그리고 "지금은 이렇게 아이들을 돌보느라 할 수 없이 집에 있지만, 막내아이가 유치원에 가는 날부턴 보란 듯이 세상에 나가서 일을 해보겠다"는 야무진 꿈들을 펼쳤었지요.

세 살과 돌 지난 두 아이의 엄마였던 저 역시 막내가 다섯 살이 되면 제 일을 할 거라고 호언장담을 했습니다. 별다른 재주도 없고 그럴듯한 경력도 없는 제가 무얼 믿고 그렇게 얘기를 했었는지 모르겠습니다. 아마 그때는 아이가 다섯 살 정도만 되면 그다지 엄마 손을 필요로 하지 않을 거라는 예측을 겸한 바람이 있었고, 또 우리 사회가 나이 먹은 아줌마들에게 그렇게 호락호락 일자리를 주는 곳이 아니라는 사실을 몰랐기 때문이었을 겁니다.

큰아이가 초등학교에 들어가고, 둘째가 유치원에 갔습니다.

그러나 저는 사회로 나가지 못했습니다. 솔직히 말하면 나갈 엄두가 나지 않았습니다. 덤프트럭들이 횡횡 달리는 사차선 도로 두 개를 건너서 초등학교에 가는 큰아이를 안전한 곳까지 건네주는 일과, 양 옆으로 주차된 차들이 가득하고 그 사이로 사람들과 차들이 엉켜 다니는 길로 10분쯤 걸어가는 유치원에 작은아이를 데려다 주고 데려오는 일이 일과가 되었기 때문이지요.

사실 차보다 더 무서웠던 것은 아이들이 학교로 가는 좁은 골목길에 시도 때도 없이 출몰하던 성도착증 환자였습니다. 저도 시장 다녀오는 길에 두어 번 마주친 적이 있었지요. 멀쩡하게 생긴 남자가 아랫도리를 드러낸 채 튀어나와 아이들을 놀라게 할 것을 생각하면 가만있어도 머리카락이 곤두설 지경이었으니까요.

오후 2시면 아이들이 돌아왔습니다. 집에 들어서는 골목 입구부터 "어엄마" 소리를 지르며 들이닥치는 아이들에게 먹을 것을 주고, 하루 종일 학교에서 지냈던 일을 말하고 싶어 부엌으로 목욕탕으로 따라다니면서 종알대는 아이들의 얘기를 들어 주고, 골목에서 노는 아이들을 제 시간 되면 불러서 저녁밥 먹이고 치우고 나면 하루가 쏜살같이 지나가 버렸습니다. 아침에 출근하고 저녁에 퇴근하는 일자리는 어림도 없는 꿈이었습니다.

'그래, 초등학교 때는 아직 일러. 아이들이 중학교에 가면 그땐 시간이 좀 더 나겠지.'

큰아이가 중학생이 되었습니다. 사춘기에 들어선 딸아이는 친구들 문제로 맘이 많이 상했습니다. 싸우고, 토라지고, 화해하고, 하루에 열두 번씩 변했으니까요. 학교에서 돌아오자마자 가방을 내던지며 뚝배기 깨지는 소리를 하는 적도 많았습니다.

"엄마, 난 더 이상 경이랑 같이 못 다녀요. 글쎄 오늘은 나를 놀리는 애들과 같은 편이 되었잖아요."

그 밖에도 자살은 왜 나쁜지, 학교에서 아이들이 놀리고 따돌릴 땐 어떻게 해야 하는지, 어떤 직업을 가질 것인지, 하나님은 진짜로 계신지 등 정말 아이들 가치관에 꼭 필요한 물음들이 지나가는 말처럼 시작되어 진지한 토론으로 끝을 맺을 때가 많았습니다. 돌이켜 보면 '중학생' 시절만큼 아이들에게 중요한 때가 없다고 생각될 정도입니다.

작은아이도 중학교에 들어갔습니다. 그러나 대부분의 남자아이들이 그렇듯 우리 아이도 컴퓨터게임과 만화책에 빠지기 시작했습니다. 컴퓨터를 거실에 내놓고, 게임 시간을 정하고, 학교 끝나고 친구들과 '물고기 방'에 우르르 몰려가는 것을 제한하고, 급속도로 자라는 육체와 아직도 어린 정신 사이에서 기준을 잡지 못하는 녀석과 실랑이하는 사이에 저는 훌쩍 나이를 먹어 버리고 말았습니다. 이젠 학습지회사에서도, 백화점 주부사원 모집에서도 뽑지 않는 나이가 되었습니다.

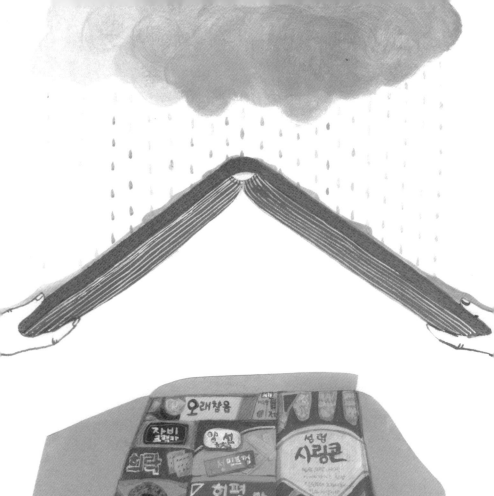

여성학이 태동하던 시절에 대학을 나오고, 집에서 살림만 하겠다고는 한 번도 생각해 본 적이 없는 제가 결혼 전 2년, 결혼 후 3년의 직장 생활을 빼고 직업 없이 지냈습니다. 그러나 그 기간 동안 저는 예기치 못한 선물을 많이 받았습니다. 그것은 꼭 필요한 시간에 남편과 아이들과 같이 있었기 때문에 얻을 수 있었던 아름다운 추억과 유대감입니다.

제 친구들 대부분은 직업이 있습니다. 둘이 버니까 저희보다는 두세 배 수입이 좋습니다. 그러나 많이 벌면 또 많이 쓰게 되더군요. 지금 사는 것을 비교해 보면 집 크기나 입은 옷의 가격 외에는 그다지 차이 나는 것이 없습니다. 그 친구들은 돈을 벌었고, 저는 시간을 벌었습니다. 공평하신 하나님의 계산법대로 하나를 얻으면 하나는 잃습니다.

우연한 기회로 저는 글을 쓰기 시작했습니다. 그리고 책을 번역하는 일까지 하게 되었지요. 번역은 제가 한 번도 꿈꿔 보지 않은 일이었습니다만, 제 적성에 아주 잘 맞았습니다. 마치 기대하지도 않았던 선물 하나를 더 받은 것 같았습니다.

엄마가 직업을 갖는 것도 좋습니다만, 혹시 아이들 때문에, 아니면 여유를 가지고 남편과 눈 한 번 더 맞추는 것이 중요하다고 생각해서 집에 있는 자매들이 있다면, 그들이 그 일만으로도 천국의 상을 결코 잃지 않을 것이라는 확신이 제게는 있습니다. 세상일은 꼭 제가 아니라도 할 사람이 많이 있습니다. 그러나 승진 못한 남편과, 친구에게 상처 입은 아이에게 따뜻한 밥과 조기 한 마리 구운 저녁 밥상을 묵묵히 차려 주는 아내와 엄마의 일은 오직 저밖에는 할 사람이 없지요. 그리고 만약 하나님이 원하신다면 세상에서는 은퇴할 나이에라도 또 하나의 선물로 할 일을 주실 수도 있음을 확실히 믿기 때문입니다.

울지 마라,
일어나라!

가로등 불빛이 닿지 않는 어둔 골목길 구석에서 저와 그 자매는 숨을 죽이고 있었습니다. 어디선가 칼을 든 남자가 불쑥 튀어나올 것 같았습니다. 유모차에는 그 자매의 어린 딸이 새근새근 잠들어 있었습니다. 그때 누군가 골목 안으로 불쑥 들어왔습니다. 저는 공포로 손발이 오그라드는 것 같았습니다.

"엄마, 아직 들어오지 마. 아빠가 집에 있어."

그 자매의 큰딸이었습니다. 무작정 길에서 밤을 새울 수는 없었습니다. 우린 유모차를 끌고 교회로 향했습니다. 남편의 폭력으로부터 그 자매와 아이들을 안전하게 지켜 줄 곳은 그곳밖에 없었으니까요.

온돌로 된 교회기도실에 그 자매 가족을 데려다 놓았습니다.

그 자매의 초등학생 큰딸은 아무렇지도 않은 듯 어린 동생과 장난을 치며 놀았습니다. 명랑한 척하는 게 더 마음 아팠습니다.

"구역장님은 우리가 어떻게 살까 싶으시지요?"

제 얼굴이 암담해 보였나 봅니다. 그 자매가 웃으며 말했습니다.

"이러다가 좋을 때도 있어요. 매일 비 오는 건 아니잖아요. 산전수전 겪었지만 그래도 좋은 날들이 더 많더라고요."

제가 한 수 배웠습니다. 가난하고, 못 배우고, 이혼하고, 재혼을 했지만 여전히 불행한 그 자매에겐 다행히 인생학교에서 배운 지혜가 있었고 아직 희망이 남아 있었습니다.

저는 3년 동안 구역장을 했습니다. 구역 식구는 열 가정도 안 되는데, 그 안에는 세상 고통이 마치 종합선물세트처럼 다 갖춰져 있었습니다. 돈이 없어서 생기는 문제는 문제도 아니었습니다. 폭력, 도박, 알코올중독, 미혼모, 이혼과 재혼, 암, 우울증……. 돈 가지고도 해결이 안 되는 사건들이 수시로 터졌습니다. 그 가운데 가장 힘든 것은 희망이 사라지는 것, 바로 절망의 문제였습니다.

알코올중독이 있는 한 엄마가 있었습니다. 술에 취하면 아이들을 야구방망이로 때렸습니다. 겁에 질린 아이들이 저희 집으로 피신을 했습니다. 술에서 깨어나면 그 자매는 울었습니다.

"내가 빨리 죽어야지. 애비도 없는 애들, 창피만 주고 고생만 시키고……."

어느 날 소리 소문 없이 사라질 테니 그땐 자기가 죽은 줄 알라고 했습니다. 답답하고 참 미웠습니다. 어미로서 최소한의 책임감도 없어 보였습니다.

"성경에 죽은 사자보다 산 개가 낫다고 했어요."

"내가 갠가?"

"개보다도 못해요. 개도 젖 먹는 강아지들 두고 자살은 안 해요. 어쨌든 죽은 엄마보다 살아 있는 알코올중독 엄마가 백 배 나아요."

"그건 자기 생각이고. 이 못난 어미…… 애들이 얼마나 끔찍하게 생각할까."

전화를 안 받으면 그새 무슨 일이 났나 싶어 뛰어가 봤습니다. 빈소주병이 무슨 트로피처럼 죽 늘어져 있는 그 엄마의 방 앞에서 제가 먼저 절망했습니다. 사춘기 아들까지 걷잡을 수 없이 비뚤어 나가기 시작하다 보니 그 자매에겐 출구가 보이지 않았습니다. 어떤 힘도 그 엄마를 일으킬 수 없었습니다.

그 후 그 엄마도 저도 멀리 이사하는 바람에 헤어지게 되었습니다. 가끔 전화를 하면 하나님이 계시긴 하는 거냐, 정말 기도가 이뤄지느냐, 목사들은 왜 그 모양이냐, 교회 집사들은 다 위선자냐 하며 투덜대면서도 교회에서 완전히 떠나지 않는 것이 그나마 위로가 되었습니다.

얼마 전, 오랜만에 그 엄마에게서 전화가 왔습니다. 암에 걸려 수술 날짜를 잡았다고 하더군요. 우린 전화기를 붙들고 한참 울었습니다. 겨우 진정을 한 그 엄마가 말했습니다.

"내가 술을 못 끊으니까 하나님이 마지막 카드를 쓰셨겠지? 이래도 마실래 하고 말이야."

그 엄마는 하나님을 원망하지 않았습니다. 도리어 고난 가운데 두신 하나님의 뜻을 발견하려고 나름 애를 쓰고 있었습니다. 입만 열면 저주를 퍼붓던 전남편도 이젠 미워하지 않는다고 했습니다. 할렐루야! 울다가 제가 웃었습니다.

"우는 건 딱 여기까지. 이젠 벌떡 일어나야지."

살다 보니, 사람이 희망이 있어서 일어나는 것이 아니고 일어나니 희망이 생긴다는 걸 알았습니다. 그 엄마는 수술을 받고 지금 항암치료 중인데, 밥도 잘 먹고 등산도 다닌다고 합니다. 그렇게 속 썩이던 아들도 엄마를 사랑으로 돌봐 준답니다. 아무도 일으킬 수 없었던 그 자매의 손을 예수님이 놓지 않으셨기 때문입니다. 나인 성 과부에게 울지 말라고 위로하시고 죽은 아들을 벌떡 일으키신 것처럼 말입니다.

쌀을 일면서

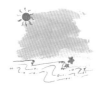

　아직 시골에서 농사를 지으시는 시어머님이 매해 쌀 두 가마니 반을 보내 주시는 덕분에 우리 집은 최소한 밥걱정은 면하고 삽니다. 그런데 그 마을에 하나밖에 없는 방앗간 석발기에 문제가 있는지 쌀 한 공기당 서너 개의 돌이 들어 있습니다. 그것도 반짝반짝 빛나는 딱 쌀알 크기의 단단한 차돌 조각입니다. 어머님께 여쭈어도 왜 그런 돌이 쌀에 들어 있는지 도무지 알 수 없다고 하십니다. 도로 변에서 쌀을 말려서 차바퀴에 묻어 온 돌들이 들어갔는지, 방아를 찧은 후 알뜰하게 쌀을 쓸어 담다가 바닥의 돌도 같이 들어왔는지……. 그렇다 해도 석발기가 제대로 작동하면 문제가 없었을 텐데 석발기가 정말 고장이 나서 쌀만 한 돌을 잘못 알고 그냥 통과시키는지 모르겠습니다.

제가 밥 짓는 법을 배우던 시절에는 누구나 쌀을 일어 먹었기 때문에 저는 조리질에 익숙한 편입니다. 그러나 요즈음 나오는 깨끗하고 돌이 없는 쌀을 그대로 씻어 먹던 사람들에게 돌 몇 조각은 정말 악몽입니다.

어머님께 왜 돌이 들어가는지 방앗간 주인에게 한 번 물어보시라고 여러 번 말씀을 드렸습니다만, 어머님은 "아주 안 가면 모를까, 동네에 하나밖에 없는 방앗간이라서 뭐라고 한마디 하면 싫어할 텐데……" 하면서 그냥 조심해서 일어 먹으라고 하셨지요. 경쟁이 없는 독과점은 그래서 안 좋은 것인가 봅니다.

그러나 까다로운 사람이 돌 씹는다고, 성미가 팔팔한 시동생이 여러 번 이가 부서지는 것 같은 고통을 당한 것을 알고는 어머님은 한 번 말을 해야겠다고 벼르셨습니다.

"내 앞에 있던 아주머니가 마침 얘기를 꺼내더라. 이 집에서 방아 찐 쌀에는 돌이 많다고……. 아, 그랬더니 방앗간 주인이 더 큰 소리를 치는 거여. '아니 그 집 며느리는 조리질도 못한답니까? 한 번 더 일어 먹으면 되는 걸 가지고. 쯧쯧쯧. 요즘 며느리들은 편한 것만 찾아서 못쓴다니까.' 하도 퉁바리를 주니까 나는 우리 며느리들 흉 잡힐까 봐 말도 못 꺼냈다."

할 수 없이 저는 쌀을 두 번 일어 먹기로 했습니다. 하지만 아침 시간이라 바쁘거나 손님들이 많이 오셔서 급히 쌀을 일어 밥을 짓는 날이면 식사가 끝날 때까지 누가 돌을 씹지는 않을까 해서 마음이 조마조마했습니다.

간단한 밥 짓기에 '쌀 불리기'와 '쌀 일기' 과정이 끼어드니 처음에는 짜증이 났습니다. 그러나 아무리 어려운 일도 습관이 되면 요령도 생기고 그다지 고통스럽지 않게 됩니다. 이제는 살짝 불린 쌀들이 조리질로 일으킨 파도를 타고 솔솔 넘어 들어오는 것을 보며, 반복된 노동이 주는 이상한 마음의 고요까지 즐길 수 있게 되었습니다.

저도 두 아이를 기르며, 끝도 없이 되풀이되는 집안 살림에 내 아까운 능력(상대평가가 아닌 제 멋대로의 절대평가니 절대로 오해는 마시길!)이 다 소모된다고 느낄 때가 있었습니다. 특히 빨래를 걷고 개키고 제자리에 넣는 일이 아주 싫었습니다. 금방 또 입고 빨아야 할 것을 판판하게 하느라 시간을 쓰는 것이 무의미해 보였지요. 아이에게 젖을 먹이는 동안 발가락에 책을 끼고 읽은 적도 있습니다. 지금에서야 그깟 몇 자 글보다는 아이와 눈을 맞추는 시간이 훨씬 의미가 컸음을 깨닫습니다. 사람 눈에 시시해 보이는 일에 도리어 깊은 뜻이 있다는 걸 헐레벌떡 달려온 이제야 알게 된 것이 안타까울 뿐이지요.

우리 집에서 교회로 가는 길은 선택에 따라 서너 길로 나뉩니다. 아주 바쁠 때 이용하는 5분 길, 보통 때 습관적으로 이용하는 7분 길, 시간이 넉넉하거나 어두울 때 이용하는 도로변의 10분 길입니다. 5분 길은 빠른 대신 어둡고 외진 골목으로 갑니다. 7분 길은 교회 가는 목적에 집중하는 대신 오며가며 볼거리가 없습니다. 나이가 들어가는 요즘, 저는 이상하게 빠른 길보다 10분 길을 더 좋아하게 되었습니다. 양말과 가방을 파는 길가의 좌판들과, 장사가 안 돼 문 닫은 식당과, 닭꼬치와 붕어빵을 파는 리어카 사이를 천천히 걸어갑니다. 그리고 그 속도에 맞게 천천히 지나가는 시간을 느낍니다.

세상은 팽팽 소리를 내며 빨리 돌아갑니다. 그 와중에 눈 밝은 이들이 부동산으로 주식투자로, 우리는 평생 만지지도 못할 돈을 순식간에 거머쥐었다는 소문이 우리를 기죽게 합니다. 많은 돈이 행복을 보장하지 않음을 잘 알고 있습니다만, 그래도 은근히 부럽지요.

그러나 이런 속도로 세상이 돌아가면 그 속도를 따라잡지 못하는 사람들이 반드시 낙오될 것입니다. 언젠가는 정신없이 돌다가 그 어지러움에 쓰러지는 사람들도 나오게 되겠지요. 속도와는 멀찌감치 거리를 둔 저도 어쩔 수 없이 스마트폰을 구입했습니다. 지금 스마트폰을 쓰지 못하면 앞으로 젊은 세대와 소통

할 수 없을 거라는 우리 아이들의 말을 따랐습니다. 잘한 것 같습니다. 아침마다 가족 카톡방에 성경 한 구절을 올립니다. 남편은 아멘으로, 애들은 'ㅇㅁ'으로 응답합니다.

그래도 최소한 이 소용돌이 속에서 길을 잃지 않고 제 속도대로 가기 위해 일부러 더 느리게 걸어 봅니다. 그리고 말씀의 바다에 닻을 드리우고 흔들흔들 여유를 부려 보기도 합니다. 바쁘다는 말은 될 수 있는 한 입에 올리지 않으려고 합니다. 횡단보도 앞에서 파란불이 깜박거려도 뛰지 않습니다. 마을버스를 타고 먼 길을 빙 둘러 가보기도 합니다.

저는 오늘 아침에도 천천히 쌀을 일었습니다. 그리고 세상 속도에 뒤처진다고 쓸쓸해할 때마다 빨리 달려가는 것이 능사가 아니라고 토닥여 주는 전도서의 구절을 음미하며 숨을 고릅니다.

"내가 다시 해 아래에서 보니 빠른 경주자들이라고 선착하는 것이 아니며 용사들이라고 전쟁에 승리하는 것이 아니며 지혜자들이라고 음식물을 얻는 것도 아니며 명철자들이라고 재물을 얻는 것도 아니며 지식인들이라고 은총을 입는 것이 아니니 이는 시기와 기회는 그들 모두에게 임함이니라"(전도서 9:11).

취업의
역사

　취업률이 바닥이라고 합니다. 알아주는 대학의 졸업생들도 군 입대와 대학원 진학을 뺀 순수 취업율은 20-30퍼센트라고 하지요. 학생들은 자기 전공은 물론 각종 자격증에, 높은 토익점수, 때에 따라서는 많은 돈을 들여 해외연수까지 해서 영어 실력을 쌓아 놓지만 들인 시간과 비용에 비해 마땅히 취직할 곳은 없는 것 같습니다.

　작년에는 작년이 최악의 취업률이라고 하더니, 올해는 올해가 또 최악이라고 하네요. 저희 남편이 대학원을 마치고 취직하려고 애를 쓰던 때가 1980년대 말이었는데, 우리나라가 한창 잘나가던 시절이었음에도 불구하고 졸업생들은 모든 취업문이 닫혔다고 탄식을 했었습니다.

1970년대 말, 제가 대학을 졸업할 때도 취업은 하늘의 별 따기처럼 어려웠습니다. 1960년대 취업 준비생이었던 저희 외삼촌 때도 일자리가 없었고, 한국전쟁 전의 저희 아버지 때도 취직이 힘들어 졸업 후에 직장이 보장되는 철도고등학교나 전기공업학교 등에 수재들이 몰렸다고 하지요.

일제강점 시대에도 해외 유학까지 하고도 일자리가 없어서 놀아야 하는 고등실업자들의 이야기가 당시 소설 속에 등장합니다. 거슬러 올라가서 조선시대나 고려시대, 삼국시대, 아마 그 이전에도 인간이 일자리를 얻는 것은 지금보다 어려우면 어려웠지 결코 쉽지는 않았을 겁니다. 그것도 남들이 선망하는 좋은 직장은 더욱더 그렇지요.

예수님의 시절에도 예외는 아니었을 겁니다. 예수님이 계시는 곳에는 항상 "허다한 무리들"이 몰렸습니다. 오병이어의 기적이 있었던 날에는, 한낮의 들판에 그것도 남자만 세어서 5천 명이 넘는 사람들이 먹을 것도 없이 모였습니다. 생명의 말씀이 있었기 때문이기도 하지만 마땅히 할 일이 없는 실업자들과 여자들과 아이들이 많이 모여들었을 것입니다. 예수님은 그들을 보시고 목자 없는 양과 같이 고생하며 유리한다며 불쌍히 여기셨지요.

사회복지가 잘되어 있는 나라에서도 직업을 얻기는 여전히 어려운 일입니다. 제가 일 년간 살고 있는 캐나다 역시 그렇습니다. 넓은 땅에 인구도 적고, 독자적인 기업이 별로 없는 곳이라 직장을 얻기가 우리나라보다 더 힘이 들어 보입니다.

우리 아이들에게 영어를 가르쳐 주던 카일라의 사촌도 건축학에 관련된 학위를 세 개나 갖고 있으면서도 런던드럭이라는 유통업체에서 일한다고 합니다. 구직센터에 가서 영어 튜터 자리를 원하는 사람들의 명단을 보면, 대학을 졸업하고도 정식 일자리를 구하지 못해 시간제 일을 하는 사람들이 의외로 많은 것을 알게 됩니다. 대졸 초임 연봉도 생각보다 적어서 보통 두 개 이상의 직업을 가져야 겨우 집세와 먹을 것을 해결하고, 나라에서 빌려 쓴 대학 학자금을 갚아 나갈 수 있다고 하네요.

그런데 이상한 것은 회사를 운영하시는 분들은 막상 일할 사람을 구해 보면 정말 마땅한 사람이 없다고 합니다. 그분들은 '괜찮은 사람'이 있으면 추천해 달라고 합니다. 그 '괜찮다'는 기준이 보통은 성실하고, 성격이 모나지 않고, 적은 봉급과 힘든 일도 마다하지 않는 것을 뜻하겠지요. 그분들은 요즘 젊은이들이 실력도 없고(그렇게 사교육비를 많이 들여서 가르친 것은 다 어디 가고), 예의도 없고, 성실하지도 않고, 일은 조금하고 그저 돈만 많이 받으려고 한다고 불평을 합니다.

216

아이들 영어 튜터를 구하기 위해 저희는 종종 빅토리아 대학 안의 구직자 명단에서 괜찮다고 여겨지는 몇몇 사람을 고릅니다. 영문학 아니면 인문사회 계열에 속해 있는 학생들을 주로 보지요. 그다음은 시간당 얼마를 원하는지를 봅니다. 어떤 사람은 그저 이름과 전화번호만 달랑 적어 놓지만, 어떤 사람은 '네이티브 스피커, ESL코스 이수, 인내심이 있음, 시간당 12불, 협상 가능'이라고 자기소개를 해놓기도 합니다. 사용자가 누구를 선택할 것인지는 두말 안 해도 확실하지요.

그다음에는 전화를 해서 인터뷰 약속을 합니다. 시간당 캐나다 달러로 10불 정도인 하찮은 이 직업을 위해 어떤 사람은 성의를 다해 깨끗한 옷을 입고, 정확한 시간에, 그것도 이력서까지 챙겨서 옵니다. 그리고 우리의 요구가 다소 무리하다 할지라도 최선을 다해 서로에게 가능한 협상점을 찾아보려고 노력을 하는 등 자세가 아주 적극적이지요.

첫 번째 영어 선생인 다니엘은 전화로 말할 때는 몰랐는데 만나 보니 아주 뚱뚱한 학생이었습니다. 영어발음도 좋고 태도도 밝았지만, 저희는 그녀의 외모가 너무 낯설어서 어떻게 할까 망설였습니다. 마침 그때 저희 집 전기밥솥에서 밥물이 끓어오르면서 구수한 냄새가 풍겨 나왔습니다. 다니엘은 웃으며 "밥 익는 향기가 정말 좋네요"라고 했습니다. 웬일인지 저는 그 말이 그녀가 동양문화에 호감을 갖고 있는 것으로 들렸습니다. 결국 그녀에게 아이들을 맡겼습니다. 그 후 다니엘은 학교를 졸업하고 한국으로 가서 영어 선생이 되었습니다. 우리가 기꺼이 추천서를 써주었습니다.

사람의 태도는 그리 쉽게 꾸며서 나타낼 수 있는 것이 아니기 때문에 잠깐 만나더라도 그 사람의 됨됨이를 어느 정도는 파악할 수 있습니다. 저희가 만났던 영어 선생님들은 모두 우리가 처음에 그들에게 가졌던 좋은 인상을 흐리지 않고 정식 직장을 얻어 그만두기까지 아주 성실하게 아이들을 가르쳐 주었습니다.

제가 대학을 졸업할 무렵, 누가 봐도 굉장한 자리에 제일 먼저 취업이 되었던 친구는 3개월도 못 돼 그 직장을 그만두었습니다. 그 이유가 '자존심이 상해서'였습니다. 아마 일자리를 얻으려고 문전박대를 당하며 자존심이 낮아지는 과정이 생략된 채, 너무 쉽게 좋은 자리를 얻었기 때문에 그렇게 쉽게 그만둘 수 있었던 게 아닌가 싶습니다. 저도 지금까지 서너 가지 직업을 가져 보았습니다만, 하나도 쉽게 얻어진 것은 없었습니다. 이력서만 내면 다 될 것 같은 시시한 직업도 하나님께 간절히 기도하고, 준비하고, 성의를 다했을 때에야 겨우 얻을 수 있었습니다.

직업(vocation)이란 단어에는 '부르심'이라는 뜻이 담겨 있습니다. 그리고 소명의 자리는 단단한 마음가짐이 필요합니다. 하나님은 '일을 한다는 것'이 얼마나 큰 축복인지 저희에게 알려 주시기 위해 일자리를 얻는 힘든 과정을 예비하셨을 것입니다.

늙은 부모들마저 일터로 떠난 텅 빈 대낮, 밥값도 못하는 자신의 쓸모없음에 처절한 눈물을 뿌리며 기도하셨다면 곧 하나님의 응답이 있을 겁니다. 제 경험이니까요.

무얼 먹을까?

"옳은 게 아닐 게다."

시어머님과 함께 장을 보러 다니다 보면 어머님이 가장 많이 하시는 말씀입니다.

"여기 무농약 상추라고 쓰여 있는데요?"

"아이고, 내가 먹으려고 심은 것에도 농약을 약간은 쳐야 하는데 농약 없이 저렇게 생생한 건 옳은 게 아녀."

사실 시골 텃밭의 오이들은 작고 볼품없는데, 시장에 사시사철 나오는 오이는 항상 큼직하고 미끈한 것이 수상쩍기는 합니다. 고추장에 찍어 먹으려고 오이를 생으로 썰어 놓으면 어머님은 질겁하시지요.

"채소는 그냥 먹지 마라. 껍질을 벗기거나 소금물에 담갔다가 씻어 먹어라. 오이는 농약 무척 한다.”

하얗고 통통한 콩나물이나 숙주나물이 수북이 쌓여 있는 것을 보면 더욱 놀라십니다.

“어휴, 어떻게 저렇게 키울 수가 있냐? 콩 껍질도 없이. 사지 마라. 내가 다음에 올 때 콩나물 길러 먹게 작은 시루라도 하나 가져와야겠다.”

어머님이 서울에 올라오시면 제일 먼저 하는 일은 직접 재배한 콩을 망에 넣어 물에 불린 다음, 구멍 뚫린 화분에 넣어서 콩나물을 기르시는 일입니다. 하루 한두 차례 물에 푹 담가 놨다가 꺼낼 뿐인데도 며칠 뒤면 덮어 둔 검은 비닐봉지를 치받으면서 콩나물들이 쑥쑥 자라지요.

김을 살 때도 어머님은 꼭 겉장 귀퉁이를 떼어 혀로 맛을 본 다음에 사십니다. 서울에서는 대부분 비닐 포장이 되어 있어 맛을 볼 수가 없기 때문에 어머님은 웅천 장에 나가서 저희들에게 주실 김을 미리 사 놓으십니다.

“혀끝에 김을 대봐서 짜릿하면 사지 마라. 때가 지나면 김에 뭐가 끼기 때문에 약을 해. 아주 독하다.”

한창 나이에는 바닷가에 나가서 아버님과 함께 김도 재배한 경험이 있으시니 김에 대해서는 전문가시지요.

“도시 사람들이 제일로 불쌍허다. 사람이 못 먹을 것을 매일 비싼 돈 주고 사먹으니……."

평생 농사를 지으신 어머님 눈에는 시장에 지천으로 쌓여 있는 벌레 구멍 하나 없는 싱싱한 열무들과 큼직한 과일들이 다 불길한 농약무더기로 보이는 것 같습니다.

평소에는 아무 생각 없이 사다 먹는 채소와 과일도 옆에서 어머님이 "그건 색이 너무 곱다", "그건 이상하게 크다", "맛이 너무 단것 보니 아무래도 사카린 뿌려서 키운 것 같다"고 하시면 그동안 우리가 먹었던 농약의 양이 도대체 얼마나 될까 하는 생각이 들어 덜컥 겁이 날 정도입니다. 아무래도 우리가 죽은 다음 우리의 시신은 영원히 썩지 않는 미라가 되어 흙으로 돌아가지 못할지도 모르겠습니다.

장을 보다가 점심때가 되어 "어머니, 우리 국수라도 먹고 들어가요" 하면, "집에 반찬 쌨다. 옥수수나 몇 자루 사가지고 가서 쪄 먹자" 하십니다. 어머님을 닮아 제 남편도 나가서 먹자고 하면 질색을 하지요.

미국의 한 가정상담 사역자가 이런 말을 했습니다.
"아내들이 가장 좋아하는 세 마디로 된 말은 '나는 당신을 사랑하오'(I love you)가 아니다. '여보, 우리 외식합시다'(Honey, eat out)이다."

비슷한 재료로 매끼 다른 음식을 만드는 데 골머리를 썩느라 여자들의 에너지와 창조력이 다 소모된다고 믿는 저는 솔직히 가끔은 나가서 먹고 싶습니다. 그러나 저희 집 아이들도 남편과 비슷해서 입학식이나 졸업식이 끝나고 가까운 식당에라도 가서 먹고 가자고 하면 눈치도 없이 이렇게 말을 해서 저를 은근히 속상하게 만들지요.

"엄마, 집에 가서 짜장면이나 시키지요."

몇 해 전 결혼기념일에는 제가 강권하다시피 해서 다 같이 나가 먹기로 했습니다. 패밀리레스토랑 하나가 걸어서 20분쯤 되는 곳에 새로 문을 열었습니다. 저는 모처럼의 외식에 발걸음 가볍게 앞장을 섰고, 된장찌개를 더 좋아하는 남편은 다소 무겁게 터벅터벅, 그리고 거의 끌려오다시피 하는 아이들은 투덜대며 따라왔지요.

토요일 오후라 사람들이 길게 줄을 서 있었습니다. 겨우 자리 잡고 앉아서 메뉴를 봤지요. 음…… 역시 가격이 만만치 않더군요. 무슨 말인지 해독도 어려운 복잡한 이름의 음식과 가격을 이리 재고 저리 잰 뒤, 각자 감이 당기는 대로 몇 가지를 시켰습니다.

음식 맛은 어땠는지 다 잊어버렸습니다. 우리 가족은 그저 속이 더부룩해 어디 가서 얼큰한 컵라면과 김치를 먹었으면 좋겠다 싶은 얼굴을 하고 집으로 돌아오고 있었습니다.

갑자기 아들이 화장실을 찾았습니다. 밤이 늦어 건물들은 모두 문을 닫았습니다. 이곳저곳 헤매다가 후미진 빌딩에서 겨우 화장실을 찾을 수 있었습니다. 남편은 휴지를 사와야 한다면서 골목길로 급히 사라졌습니다. 그날따라 그 흔한 슈퍼는 보이지도 않더군요.

아들이 겨우 숨을 돌린 얼굴로 돌아와 한 5분쯤 걸어가는데, 이번에는 제가 배가 아프기 시작했습니다. 아까 산 휴지를 넘겨받고 혼자 정신없이 걸어갔습니다. 간절한 기도가 절로 나왔습니다. 최소한 우리 아파트 상가 화장실까지는 가야 했습니다. 등에 진땀이 흘렀습니다.

무사히 어려움을 해결하고 막 밖으로 나오는데 얼굴이 창백해져서 화장실로 뛰어 들어오는 우리 딸을 만났습니다.

"엄마, 화장지 남았어요? 아빠는 집으로 달려가셨어요."

그날 이후 저희 집에서는 나가 먹자는 말, 더구나 패밀리레스토랑에 가자는 말은 거의 나오지 않은 걸로 기억합니다.

채소는 농약 때문에, 육류는 광우병 때문에 살까 말까 고민이 됩니다. 부리를 잘라 가둬 키운 닭, 거기서 낳은 달걀, 납덩이가 들어 있는 중국산 꽃게, 물들인 생선. 게다가 요즈음은 방사능 때문에 꺼림칙해서 장을 볼 때마다 손에 들었다 놓았다 하며 고민을 하게 됩니다. 먹을 것은 쌓였는데 먹을 만한 것이 없는 이상한 세상에 살고 있는 것 같습니다.

먹거리의 오염은 '좋은 것을 많이 먹고자 하는 인간의 탐욕' 때문이라고 합니다. '옳게 기른 것을 적게 먹는 것'이 하나의 해결책이라고 하지요. 전도서에 나온 대로 "기력을 보하려고 정한 때에 먹는"(전도서 10:17) 소박한 밥상운동을 예수님 믿는 사람들부터 시작했으면 합니다.

어쨌거나 우리가 아무리 애를 써도 홀로 모든 오염에서 면할 수 있는 방법은 없는 것 같습니다. 그래서 저는 예수님이 승천하시기 전, "믿는 자들에게는 이런 표적이 따르리니······ 무슨 독을 마실지라도 해를 받지 아니하며······"(마가복음 16:17-18)라고 하신 말씀을 굳게 믿으면서 먹습니다. 이 구절을 여기에 써도 되는지 목사님께 여쭤 봐야겠습니다만, 그래도 먹거리로 과도하게 신경을 쓰는 형제자매가 있으면 혹시 위로가 될까 해서 적어 봅니다.

맨 앞자리

"한 달에 일억, 일억씩 십일조 하고 싶은 사람 손 들어 봐. 아니 왜 이렇게 없어. 이 교회에서 자기가 십일조 최고 많이 내겠다는 꿈도 못 꿔?"

저는 손을 들까 말까 망설였습니다. 머릿속에선 돈 계산이 분주했지요.

'십일조가 일억이라면 그럼 한 달 수입이 십억이네. 아이구, 내가 죽었다 깨나도 안 돼. 매달 로또 번호를 하나님이 보여 주신다면 모를까.'

주위를 슬쩍 둘러보니 성도들도 저처럼 생각하는지 손을 들다 말다 하고 있더군요. 아무래도 부흥강사가 우리 교회를 부자동네 교회로 착각하신 모양이었습니다. 저희 교회는 한 달에 10만

원 십일조 내기도 힘든 가정들이 많은 곳이거든요. 하기야 가난한 동네 사람들이라고 앞으로 한 달에 1억씩 십일조 내는 부자가 나오지 말란 법은 없지만요.

호주에서 제일 많은 십일조를 내신다는 부흥강사 장로님이 반말을 섞으며 다시 한 번 다그쳤습니다.

"지금 당장 아니라 앞으로 그렇게 될 줄로 믿는다는 믿음도 없어? 왜 이렇게 배포가 적어. 나는 주실 줄 믿고 미리 십일조도 드렸어. 내가 쓰려고 돈 달라는 거 아니잖아. 많이 벌어서 미전도 지역에 교회도 짓고 성경도 번역하고 주님 일 하려고 그러는 거지. 일억씩 십일조 할 줄 믿는 사람, 다시 손 높이 번쩍 들고!"

듣고 보면 맞는 말씀이었습니다. 앞뒤에 앉은 집사들이 주르르 손을 들었습니다. 잘못하면 믿음 없는 신자로 몰릴 위기였습니다.

'에라 모르겠다, 일단 들자. 혹시 아냐? 주시면 좋고 안 주심 말고……'

저도 손을 들었습니다. 1억을 십일조로 내겠다면 10억으로 부풀려 주신다는데 그렇게 하고 싶다고 손도 못 들 바보가 어디 있겠습니까? 이왕 드는 거 확실하게 높이 들었습니다.

부흥회를 마치고 교회 계단을 밟고 내려오는데 어쩐지 예수님은 안 보이고 펄럭펄럭 쏟아지는 만 원짜리만 눈앞에 왔다 갔다

했습니다. 미래의 억만장자 성도들의 얼굴도 그리 밝아 보이지 않았습니다. 어째 수고하고 무거운 짐을 내려놓으러 교회에 나왔다가 더 무거운 짐을 어깨에 메고 가는 사람들 같았습니다. 세상에서도 돈, 돈, 돈 하는데 예배당 안에서도 여전히 돈, 돈, 돈 하니 피곤한 게 당연하지요.

예수 안 믿던 제 친구 하나가 결혼 적령기의 딸 때문에 갑자기 교회를 나간다고 합니다. 요즘 잘나가는 '강부자', '고소영' 신랑감들이 강남의 대형교회에 많다는 소문을 들어서지요. 그 친구가 교회에 갔다 오더니 한마디 했습니다.

"나도 욕심 많은 인간이지만 교인들은 한술 더 뜨더라. 완전 돈 놓고 돈 먹기야."

어쩌다 교회에 온 아무것도 모르는 사람이 예수님도 돈 좋아하시는 분이라고 오해할까 봐 마음이 다 불안했습니다.

'최고 많이' 벌어서 '최고 많이' 십일조를 내는 것은 귀한 일이지요. 그런 사명을 지닌 분들은 최선을 다해 돈을 벌어 그 돈으로 주님을 위한 많은 일들을 할 수 있을 것입니다. 그러나 전지전능하신 우리 주님이 돈이 없어서 혹은 능력이 모자라서 우리에게 '최고 많이' 무엇을 가져오라고 요구하시는 건 아닙니다. 간혹 교회 구성원 중에서도 욕심 많은 신자들이 주님의 일을 열심

히 합니다. 그러나 잘못하다가는 눈에 보이는 성과가 있어야 예수님이 사랑해 주실 것 같은 정말 불행한 생각에 사로잡힐 수도 있습니다.

게다가 믿음이라는 명목으로 무엇을 투자하면, 예수님은 그것을 몇 배로 튀겨서 갚아 주실 거라는 기대처럼 위험한 건 없습니다. 하나님의 '선물'이 당연한 '보수'로 변질되기 때문이지요. '내가 헌금을 많이 했더니…… 내가 새벽기도를 했기 때문에…… 내가 봉사를 죽자고 했더니……' 하고 말이 나오기 시작하면 그 성도는 은혜를 까먹는 지름길로 들어선 것입니다. 믿음이 아니라 투자를 한 것이지요. 뭔가 바라고 시작한 사랑처럼 치사하고 실망스런 것은 없으니까요.

저는 헌금 '최고 많이' 내고 봉사 '최고 많이' 한다고 해서 예수님의 사랑을 최고 많이 받으리라고는 생각지 않습니다. 앞다퉈 예수님의 맨 앞자리에 나가 앉는다 할지라도 예수님의 눈은 다른 곳을 바라보고 계실 테니까요. 저 같은 일개 집사도 돈 많고 잘나가는 분들이 아니라, 겁 많고 연약하고 가난하고 불행하고 슬픈 성도들에게 정이 제일 많이 갑니다. 예수님도 당연히 그런 마음이실 겁니다. 우리 예수님의 맨 앞자리는 보나마나 마음이 가난한 그분들 차지입니다.

교회를 나서면서 저는, 아까 부흥회 때 손들었던 것을 물러 달라는 기도를 했습니다.

"하나님, 그 돈 복은 받을 만한 다른 성도에게 주시고, 저한테는 부하거나 가난하거나 아프거나 건강하거나 외롭거나 슬프거나 그냥 주님 한 분 때문에 기뻐하는 그런 복을 주세요."

저는 아무래도 많은 돈으로 주님의 일을 하기에는 배포가 적은 종인가 봅니다.

그렇거나 말거나 저는 다시 가벼워진 마음으로 찬송을 부르며 집으로 왔습니다.

그렇습니다,
그뿐입니다!

대학 1학년 때라고 기억합니다. 저보다 두 살 위인 막내이모가 제게 물었습니다.

"넌 지금 돈이 얼마나 있으면 행복하겠니?"

"글쎄…… 한 이만 원?"

"겨우?"

"영화 한 편 보고 책 한 권 사고 점심 먹을 돈만 있으면 난 행복해."

이모가 혀를 쯧쯧 찼습니다.

"넌 참 욕심도 없다."

선천적인지 후천적인지 저는 돈에 큰 관심이 없습니다. 원래 숫자와 계산에 약하고 신문도 경제면만 빼고 볼 때가 많으니까요. 돈은 일용할 양식을 먹을 정도면 충분하다고 여기면서 살아온 저였지만, 올 여름은 달랐습니다.

정말 더운 날들이었습니다. 15층 아파트 맨 꼭대기에 있는 저희 집은 낮에는 물론이고 밤에도 달아오른 벽과 천정에서 후끈후끈 열기가 뿜어져 나왔습니다. 그러나 솔직하게 말하자면 제 가슴속의 열기 때문에 더 더웠는지도 모릅니다.

경기가 좋지 않은 요즘, 우리 주위에서 흔히 듣는 얘기가 있습니다. 사업하는 가족이나 친구에게 보증을 섰다가 큰 낭패를 당했다는 이야기……. 저희 집도 피해 갈 수 없었습니다.

공장을 하는 시동생이 은행에서 빌린 돈을 갚지 못하자 연대보증을 선 저희 집을 차압하겠다는 통지서가 날아왔습니다. 써 보기는커녕 제 눈으로 보지도 못하고 만져 보지도 못한 '억'에 가까운 돈을 시일 내에 갚지 않으면 남편의 월급까지 차압하겠다고 했습니다.

성경에는 보증을 서지 말라고 했습니다만, 피를 나눈 형제가 혹은 형제보다 더 친하게 지내는 친구가 보증을 서달라고 사정을 할 때 그것을 매정하게 물리치기가 현실적으로 쉬운 일은 아닙니다.

주위를 둘러봤습니다. 그런 목돈을 갑자기 빌릴 곳은 아무 데도 없었습니다. 유유상종이라고 제가 친하게 지내는 사람들은 저와 비슷하게 '행복하지만 돈이 없는 사람들'뿐이었습니다. 처음으로 돈이 없다는 것이 얼마나 답답한지 깨달았습니다. 그리고 평소에 재테크에 열심인 사람들을 은근히 비웃으며 제가 하던 말들, "돈보다 가치 있는 일들이 훨씬 더 많다, 세상 재물은 다 하나님이 움직이신다" 등등이 부메랑처럼 되돌아와 제 뒤통수를 쳤습니다. 돈과 탐욕의 신 '맘몬'이 "어쭈, 그러셔" 하며 히죽거리는 것이 느껴졌습니다. 저의 한 줌도 안 되는 믿음이 저자신을 낙심시켰습니다. 더 견디기 힘들었던 것은 한 자매의 말이었습니다.

"집사님은 하나님 열심히 믿는 것 같은데 왜 이렇게 일이 안 풀려. 맨날 돈 없어 절절매구. 하나님께 그렇게 기도해도 다 소용이 없나 보네."

저희 집이 어려움에 처한 것보다 이 일로 하나님의 전능하심이 의심받는 것이 더 속상했습니다.

생각 끝에 시아버님이 남겨 주신 시골 논과 밭을 처분하기로 했습니다. 절대농지에 공군폭격장 소음 때문에 매매가 거의 없는 땅이었습니다.

그런데 이게 웬일일까요? 땅을 내놓고 일주일 만에 땅을 사겠다는 사람이 나타났습니다. 시어머님이 아직 농사를 짓고 계셔서 저희가 머뭇대자, 시세보다 두 배를 주겠다고 했습니다. 마치 맞춘 듯 빚을 딱 갚을 수 있는 액수였습니다. 저흰 하나님의 은혜로 알고 기쁜 마음으로 팔았습니다. 우리 땅이 비싼 값에 팔리자 그 동네 시골 노인들이 덩달아 땅을 팔았습니다. 다들 좋은 값에 팔았다고 즐거워했습니다.

그리고 한 달이 지났습니다. 저희는 놀라운 소식을 들었습니다. 우리가 판 땅이 그 사이에 세 배로 올랐다는 것이었습니다. 충청도 투기 지역에서 유일하게 면제된 저희 시골 땅에 투기꾼들이 갑자기 몰려들어 땅을 싼값에 사재기한 것이었습니다. 저희는 급한 빚이라도 갚았지만 허겁지겁 땅을 팔아 버린 시골 사람들은 막상 그 돈으로 갈 곳이 없었습니다. 대대로 지어 오던 문전옥답만 사라진 셈이었습니다.

어떤 사람들은 그것이 정당한 투자라고 했습니다. 세상 돌아가는 것을 모르고 땅을 판 사람들이 바보라고 하더군요. 그러나 저는 가슴이 떨렸습니다. 공장하던 사람은 망하고, 농사짓던 사람들은 농토를 팔아 버리고, 땅 투기를 한 사람들만 유일하게 떼돈을 벌었습니다. 약하고 순진한 사람들의 눈에서 눈물이 흘렀습니다.

광풍이 지나갔습니다. 얼마간은 저도 신문의 경제면을 꼼꼼히 챙겨 보며 겨우 건진 집 한 채를 팔아 어디 더 오를 곳에 사 놓을까 머리를 쓰기도 했습니다. 마음속에서 계산이 복잡했습니다. 기도할 때도 불쑥 알 수 없는 숫자들이 눈앞에 왔다 갔다 하더군요.

마음이 둘로 나뉘었습니다. 피곤했습니다. 하나님이 기뻐하시지 않는다는 증거였습니다. 정상적인 부는 손과 발이 부지런하고, 이마에 땀을 흘리고, 사람들에게 일자리를 주는 생산적인 것이어야 했습니다. 사실 부모님이 물려주신 농토도 불로소득이었습니다. 우리 가족을 사랑하시는 하나님은 저희들이 거저 들어온 돈의 맛을 알기 전에 깨끗하게 거둬 가신 것입니다.

톨스토이는 『부활』에서 카튜샤를 따라가기 위해 유산으로 받은 농토를 농민에게 나눠 주는 네흘류도프를 통해 이렇게 말합니다.

"토지란 어느 누구의 것도 아니오. 하나님의 것일 뿐이오."

그렇습니다. 그뿐입니다.

고통의 해석

천리포수목원을 다녀오는 길에 예쁜 꽃 화분 하나를 사들고 버스에 탔습니다. 밤이 늦어서 그런지 차 안에 사람들이 별로 없었습니다. 내릴 정류장이 가까워져 출구로 나갔습니다. 한 손에 화분을 들고 다른 손으로 버스카드를 찍고 있는데 버스가 급커브를 돌았습니다. 아차 하는 순간 저는 버스 뒤쪽까지 밀려가 곤두박질치고 말았습니다.

버스 바닥에 머리를 박고 엎어져 있는 아주 짧은 순간에 여러 가지 생각이 스쳐 지나갔습니다. 사람이 이렇게 죽을 수도 있겠구나, 인간의 육신이 얼마나 약한지 구겨진 종잇조각만도 못하구나 하는 것이었습니다.

정신이 돌아오자 창피했습니다. 왜 바보같이 손잡이를 놓치고 이렇게 흉한 꼴로 엎어져 있을까? 그 와중에도 자책이 들었습니다.

분노도 일었습니다. 제가 한참 동안 일어나지 못하고 쓰러져 있는데도 버스에 탄 누구 하나 저에게 괜찮은지 물어보는 사람이 없었습니다. 운전기사조차 귀찮은 일이 생겼다는 듯 저를 빤히 보고 있더군요.

제가 할 수 있는 일은 두 가지였습니다. 다른 사람들에게 도움을 요청하든지, 아니면 스스로 일어나는 거였습니다. 정신이 멍했지만 떨어진 안경을 주워 쓰고 팔 다리를 움직였습니다. 고관절 부위가 매우 아팠지만 뼈는 부러지지 않은 것 같았습니다. 절뚝대면서 버스에서 내렸습니다. 버스는 냉정하게도 문을 탁 닫고 가버렸습니다. 세상은 고통당한 사람에게 더 잔인한 듯했습니다.

집에 돌아와 살펴보니 여기저기 부어오르고 쑤시고 아팠습니다. 전신타박상이었습니다. 제가 버스에서 넘어져 다쳤다고 하니 식구들의 반응이 떨떠름했습니다. "그러게 왜 차가 멈추기도 전에 방정맞게 일어나", "앞자리에 앉지 왜 굳이 뒤에 가서 앉았을까", "그놈의 화분은 뭐 하러 사 가지고" 등.

얼마나 아프냐, 다친 데는 없느냐 하는 위로보다 비난이 쏟아졌습니다. 걱정이 돼서 하는 말이란 걸 알지만 그래도 서운했습니다.

암에 걸렸다가 지금은 완치판정을 받은 제 동생이 이런 말을 했습니다.

"언니, 내가 수술을 하고 고통스럽게 누워 있는데 병문안 온 사람들이 뭐라고 했는지 아우? 평소에 내가 물을 잘 안 마셔서 병에 걸렸대. 어떤 친구는 운동을 안 해서 그렇다고도 하고, 누구를 미워해서 암에 걸린 거라고도 하고. 가뜩이나 슬프고 불안한데 다 내 잘못이라고 하더라고."

고난을 당하던 욥에게 숨은 죄 때문에 그런 거라고 닦달하던 그의 친구들이 성경에만 있는 것은 아닌가 봅니다.

하는 일마다 실패하고 다리까지 부러진 어떤 집사님은 이렇게 말했습니다.

"제발 내 앞에서 다친 김에 쉬는 것이 하나님의 뜻이라느니, 뭔가 교훈할 게 있으셔서 그렇다느니 그런 말은 하지 마세요. 저도 잘 알아요. 그러니까 그냥 위로만 해주세요."

가슴이 뜨끔했습니다. 저도 모르게 이웃의 고통을 위로하기보다 주제넘게 해석하고 가르치려고 했으니까요.

인간이 겪는 고통의 원인은 무엇일까요? 대부분은 우리 인간 스스로 자초한 것들일 것입니다. 그러나 아무 상관없이 당하는 고통도 있습니다. 그러므로 고통의 해석은 하나님과 고통을 당하는 본인만 할 수 있는 것일 겁니다. 주위 사람은 같이 울어 주면 되는 것이지요. 당장은 고통의 이유를 알 수 없어도 견디고 살다 보면 이 고통이 내게 남긴 의미를 알게 될 날이 올 것입니다.

동물들은 다쳤을 때 무리로부터 떨어져 홀로 지낸다고 합니다. 뱀도 상처를 입으면 치료 효과가 있다는 가지 밭으로 혼자 들어간다고 하지요. 왜냐하면 건강한 동료들이 다친 동물을 배려하지 않고 함부로 부딪쳐 그 가운데 있으면 상처가 더 커지기 때문이라고 합니다. 인간이 동물보다 나으려면, 크리스천이 그렇지 않은 사람들보다 나으려면, 고통당하는 사람에 대한 태도가 달라야 할 것입니다.

교회 안에서조차 돈 잘 벌고 성공하는 것이 하나님이 내린 복이고, 합격하는 것이 기도 응답이고, 승진하고 좋은 곳에 취직하는 것이 믿음의 증거라고 강조한다면, 병을 앓고, 취직 못하고, 장애가 있으며, 실패한 가난한 성도들은 상처에 상처를 덧입게 됩니다. 고통당하는 성도가 떠나는 교회는 예수님도 함께 떠나실 것입니다.

모든 시험은
다 어렵다

걷는 것과 지하철 타는 것을 무척 좋아하는 제가, 어쩔 수 없는 상황에 밀려 자동차 운전면허를 따야만 했습니다. 겁도 많은 데다가 모든 기계 앞에서 이상하게 기가 죽는 저는 한 번도 운전을 해보겠다는 생각을 한 적이 없었습니다. 딱 한 번, 제가 운전 못하는 게 슬펐을 때는, 암 치료를 위해 방사선을 쪼이던 시아버님을 모시고 병원에 다닐 때였습니다. 기운이 다 빠진 아버님을 부축한 채 겨우 잡은 택시가 우리를 한 번 훑어본 뒤 그대로 내빼더군요. 그러나 그 뒤로는 차도 없는 제가 굳이 운전면허를 딸 이유가 없었습니다.

세상의 시험 중 가장 쉽다는 운전면허 필기시험을 치르기 위해 예상문제집을 샀습니다. 어떤 사람은 시험 전날 두 번 읽고도 붙었다던데, 저는 다섯 번 이상을 읽어도 무슨 소리인지 감을 잡을 수 없었습니다. 결혼한 이후 시험이라고 생긴 것은 한 번도 치러 보지 못했으니 그 기능이 굳어 버린 것도 당연했습니다. 무정한 우리 집 아이들은 '엄마가 시험에 떨어진다'에 천 원을 걸었습니다.

그러나 저는 초등학교 때부터 중학교 입학을 위해 매일고사부터 시작해서 주말고사, 월말고사, 기말고사까지 갖가지 시험으로 단련된 사람입니다. 연필 한 자루를 단정하게 깎아 들고 마음잡고 앉아 시험 공부를 했습니다. 태도만큼은 사법고시 준비생 못지않게 진지했습니다. 눈으로는 읽히는데 머릿속으로 진입을 못하고 튕겨 나가던 단어들이, 드디어 '콩나물'을 밀어내고, '양말 개키기'와 '도시락 반찬'을 제치고 한두 개씩 꽂히기 시작했습니다. 개념이 이해되니 나름대로 재미가 붙었습니다. 역시 공부에는 왕도가 없었습니다. 미련하게 읽고, 또 읽고, 외우고, 익히고, 정리해서 기억하는 것, 그 길밖에는 없었습니다.

시험 결과, 그날 같이 시험을 치른 사람들 가운데 2등으로 합격! 지금까지 중학교, 고등학교 전후기, 대입 예비고사, 본고사, 대학원까지 입학시험을 치렀지만 가장 우수한 성적으로 붙은 감격의 순간이었습니다.

머리털 나고 처음 운전석에 앉았습니다.

"시동을 거세요."

"어떤 게 시동인데요?"

"핸드브레이크 푸세요."

"그, 그게 어디 있는 건데요?"

배운다는 것은 참 신기했습니다. 운전에 대해서는 완전 깡통인 제가 S코스와 T코스를 익히고, 평행주차를 배우고, 브레이크를 부드럽게 밟고, 깜박이를 켤 줄 알고……. 그렇게 자동차의 언어와 감각을 하나하나 익혀 나가자 생각만 해도 끔찍하던 운전을 비록 연습장에서지만 혼자서 할 수 있게 되었습니다.

장내 기능 시험도 무사히 통과해 드디어 노란색 연습용 차를 몰고 진짜 도로로 나갔습니다. 좌 트럭 우 버스 사이에 끼여 벌벌 떨면서, 가차 없이 몰아세우는 영업용 택시에 주눅이 들어 선불한 거액의 학원비만 아니면 도로 가운데 차를 버리고 돌아오고 싶었습니다. 다들 먹고살기가 힘들어서인지, 도로가 너무 좁은데 차가 많아서인지 악에 받친 듯 차를 몰았습니다.

안다는 것과 행한다는 것 사이가 그렇게 먼 것인지 다시 한 번 절감했습니다. 이론은 이론대로, 손은 손대로, 발은 발대로 제 맘대로 놀았습니다. 그러나 그 격차는 무수한 실패와 연습, 옆에 앉아 있는 운전 선생님의 질책으로 조금씩 줄여 갈 수 있었습니다. 이론을 잘 익히고 있어야 행동도 쉽게 할 수 있고, 잘못도 빨리 수정할 수 있다는 것도 알게 되었지요.

마지막 도로 주행 시험을 보았습니다. 신호등에 빨간 불이 켜지는 순간 융통성 없이 급정거를 한 것과, 도로 진입할 때 켠 왼쪽 깜빡이를 '깜박' 잊고 그냥 둔 것이 감점이 되었습니다. 그러나 집중력 있게 운전한 것으로 겨우 합격 점수를 넘길 수 있었습니다.

조그만 산 하나를 무사히 넘은 것 같았습니다. 운전에 대해 아무것도 몰랐을 때엔 무섭기만 하더니, 기능을 익히자 두려움도 덜해졌습니다. 무엇보다 하나를 배우면 둘을 잊어버릴 만큼 정지하고 있던 뇌의 한 부분을 삐걱거리면서 돌아가게 하자, 이상하게 몸과 마음이 다 젊어지는 것 같았습니다. 좀 더 어려운 일에 도전해도 해낼 수 있겠다는 자신감도 들었습니다.

우리나라에서 네 명당 한 사람 꼴로 가지고 있다는 운전면허를 따면서 저는 새삼 '모든 시험은 다 어렵다'는 것을 깨달았습니다. 운명을 좌지우지하는 중요한 시험이든 간단한 쪽지시험이든 모두 중요하고 반드시 성실하게 넘어야 하는 코스였습니다. 그리고 시험은 처음부터 결코 어려운 것부터 나오는 것이 아니라는 것과, 만만해 보이는 시험도 정성을 다하고 최선을 다해야 무사히 통과할 수 있다는 것도 알았습니다.

제가 운전을 해야 하는 궁지에 몰리지 않았으면 저는 운전을 배우지 않았을 겁니다. 또 한 달 이내에 운전면허를 따야 하는 상황에 처하지 않았더라면 그렇게 열심히 운전을 익히지 않았을 테지요. 아마 저는 영원히 운전을 할 수 없는 사람으로 알고 평생을 지냈을 겁니다. 그렇듯 인생 사는 일에 '궁지에 몰리는 것'과 '어려운 시험을 통과해야 하는 것'은 당장은 힘이 들고 고통스럽지만, 쓰지 않던 뇌 세포와 근육을 쓰게 해주고 몰랐던 새로운 세상으로 들어가는 면허증을 받는 통과의식 같은 것이었습니다.

　앞으로도 많은 어려움들이 제 앞에 기다리고 있을 겁니다. 남들이 보기에는 하찮아 보여도 저에게는 모두 마음을 단단히 먹어야 하는 어려운 시험들일 겁니다. 그러나 그 시험 하나하나를 피하지 않고 성실하게 통과해 나가면, 성공하면 성공한 대로 그 열매가, 혹 실패하면 실패한 대로 하나님이 주시는 지혜가 제 인생의 바구니에 하나 가득 차게 될 것입니다.

05

고마워라 임마누엘

시골 노총각과 도시 노처녀가 만나
살림을 꾸린 지 근 30년이 되었습니다.
이제, 미리미리 일을 마쳐 놔야 속이 편한 남자는
발등에 불이 떨어져야 움직이는 여자를
용납하게 되었고,
말보다 눈물부터 터지는 여자는
화부터 벌컥 내는 남자를
이해하게 되었습니다.

남자는 여자를 따라 싱거운 평양냉면을,
여자는 남자를 따라 쌉쌀한 머위나물을
어느덧 좋아하게 되었습니다.
둘은 남자와 여자로 만나
아버지와 어머니가 되었습니다.
기쁜 일, 슬픈 일, 어려운 일을 함께 겪다 보니
'여차' 하면 '저차' 하는
환상의 복식팀이 되었습니다.

행복은 길가의 들풀처럼 흔합니다.

보는 사람이 임자이고, 즐기는 사람이 주인이지요.

하나님이 주신 복은

힘겹게 투쟁하면서 쟁취하는 것이 아닌 것 같습니다.

성경에 기록하신 대로 순하게 따라가면

저절로 채워지는 게 하나님의 축복입니다.

주일이면

신혼 때부터 쓰던 그 작은 밥상을 펴고 둘러앉아서

저녁을 먹습니다.

아이들은 이제 우리 곁을 떠나

새로운 가정을 탄생시키겠지요.

우리가 처음 만났을 때처럼

둘이면서 하나인 부부가 되어 갈 것입니다.

인생은 참 아름답습니다.

행복한 자식의
부모 되기

"엄마, 난 책만 보면 토할 거 같아."

중학교에 다니는 딸의 말에 엄마의 가슴이 철렁 내려앉았답니다. 교사인 그 엄마는 다른 건 몰라도 애들에게 독서훈련만큼은 확실하게 시켰다고 자부했는데, 생각지도 못한 곳에서 부작용이 터진 것이지요. 이건 시작일 뿐이었습니다. 딸아이는 화장을 하고, 초미니로 줄인 교복치마를 입고, 심지어 패싸움을 벌여 징계를 당하기도 했습니다. 크리스천인 그 엄마는 아이를 붙들고 기도도 하고, 설득도 하고, 급기야 때리기도 했지만 아이는 더 엇나갈 뿐이었습니다. 그 엄마는 딸에 대한 실망과 함께 심한 자책에 시달렸습니다.

'내가 학교를 그만두었어야 했나? 일하는 데 바빠 애한테 사랑을 덜 줬나? 남편이랑 많이 싸워 애가 비뚤어 나가는 건가? 책 읽어라 공부해라, 잔소리를 해서 스트레스를 받았나?'

그러나 자책은 아무런 힘이 없었습니다. 비참해질 뿐이었지요. 그러다가 문득 깨닫는 바가 있었습니다. '이제 아이가 내 품을 떠날 때가 되었구나' 하는 것과, '공부 잘하고, 엄마 말씀 잘 듣는 상상 속의 착한 딸을 버리고, 공부는 바닥에다 꿈은 연예인에, 거짓말을 밥 먹듯 하는 현실 속의 딸을 받아들여야 한다'는 것이었습니다. 하나님도 모범 성도들만 좋아하시는 게 아니지 않습니까? 죄 많고 부족한 우리 모습 그대로를 사랑하시니까요. 엄마는 딸 곁에서 한 걸음 떨어지기로 마음을 먹었습니다.

"우리 그만 싸우자. 엄마는 엄마 인생을 살고, 너는 네 인생을 살자. 대신 책임은 각자가 지는 거다."

그 뒤로 엄마는 잔소리를 그쳤습니다. 아이는 별로 달라진 것이 없었습니다. 그런데 최근에 딸아이가 이런 말을 했다는군요.

"엄마, 심심한데 나 슬슬 공부나 한 번 해볼까?"

예일대 법대 교수인 중국계 미국인 에이미 추아가 쓴 『타이거 마더』(Battle hymn of the tiger mother)가 많은 비난 가운데서도 베스트셀러가 되었습니다. 이 책에서 저자는 자신이 부모로부터 받았고 또 자신도 두 딸에게 한 스파르타식 교육에 대해 쓰고 있지요. 예를 들면 추아 교수의 아버지는 딸이 2등 상을 받는 시상식에 초대되었을 때 무섭게 화를 냈다고 합니다. 1등도 못하면서 다시는 이와 같은 모욕을 나에게 주지 말라고 하면서요.

그녀 역시 두 딸에게 부모 못지않은 강압교육을 시켰습니다. A학점 밑으로는 받지 말 것, 친구들과 밤새워 노는 것 금지, 남자친구 만나지 않기, 텔레비전 안 보기는 물론 딸이 완벽한 피아노 연주를 하지 못하면 아끼는 동물인형을 불태워 버리겠다고 협박하고, 기대에 미치지 못하면 가차 없는 모욕을 가했다고 하네요. 큰딸은 호랑이 엄마의 혹독한 훈련을 견뎠지만, 막내는 반기를 들었답니다.

"내 삶이 싫어, 엄마도 싫어."

호랑이 엄마도 어쩔 수 없이 막내에게는 제재를 풀어 줬다고 합니다. 에이미 추아와 인터뷰를 한 미국 ABC 방송 간판 앵커 주주장(한국명 장현주)은 자신도 호랑이 아버지로부터 스파르타 교육을 받았고 그래서 여기까지 온 것이 맞지만, 정서적으로 불안하고, 자신을 혐오하며, 우울하다고 고백했습니다. 주주장은 자신의 아이들은 중위권 대학에 진학해서 자기가 하고 싶은 일을 하면서 행복한 삶을 누리기 바란다고 하네요.

산책을 하고 돌아오는 길에 앞서가던 초등학교 여자애들의 대화를 듣게 되었습니다.

"정말 학원 다니기 짜증 나. 눈높이까지 하면 다섯 개야."

"겨우 다섯 개? 난 학원 가방만 열 개다 뭐."

아이들의 그림자는 무겁고 어두웠습니다. 세상이 경쟁적인 건 사실이지만, 이기는 자만이 행복한 건 아니거든요. 학교라고는 문 앞에도 못 가 보신 제 시어머님은 오남매를 참 잘 기르셨습니다. 일류대학을 나오지도 못하고, 사업에 망하기도 하고, 결혼 생활에 문제도 있는 평범한 자식들이지만, 어머님은 진심으로 사랑하고 믿어 주십니다. 어머님의 그런 신뢰가 자식들을 자기 인생에 스스로 책임을 지는 성숙한 인간이 되게 했을 겁니다. 어머님은 "나야 농사나 열심히 지었지. 다 지들 힘으로 컸어"라고 하십니다. 자기 힘으로 크도록 믿어 주며 뒤로 물러서는 것보다 더 훌륭한 부모 노릇이 있을까요? 자식이 행복해야 부모도 행복한 법입니다. 우리가 행복해야 하나님이 기뻐하시듯 말입니다.

나를 위해
너그러이 대접하라

제가 초등학교 3학년 때 일입니다. 만삭이신 선생님께서 은행 심부름을 시키셨습니다. 곧장 돌아왔으면 좋았을 텐데 은행 근처의 시멘트 전봇대가 가득 쌓여 있는 곳에서 촐랑대고 놀다가 그만 그 틈으로 통장을 떨어뜨리고 말았습니다. 좁은 곳으로 빠진 통장은 보이지도 않았습니다. 어린 맘에 하늘이 노랗게 변하는 듯했습니다.

'모르는 아저씨가 뺏어 갔다고 할까? 개천에 떨어뜨렸다고 할까?'

조그만 머리로 짜낼 수 있는 모든 이야기를 다 지어 냈습니다. 저는 그때 통장을 새로 만들 수 있다는 사실을 몰랐습니다.

긴 복도를 아주 천천히 걸어 교실로 왔지요. 교실 문을 열고 선생님의 얼굴을 보는 순간 열심히 머릿속에 써왔던 소설 같은 거짓말은 다 사라지고 그만 '으앙' 하고 울음이 터지고 말았습니다. 결론을 말하자면 선생님이 저를 한 번 안아 주셨다는 거지요. 이숙자 선생님. 그 따뜻한 품과 용서가 수십 년이 지난 지금도 그분 성함을 잊을 수 없게 하네요.

몇 해 전, 학력위조사건이 세상을 떠들썩하게 했습니다. 신정아 씨가 학력을 위조해 대학교수가 된 사실이 폭로되면서 그동안 덮여 있던 유명 인사들의 베일이 하나둘씩 벗겨졌습니다. 오늘은 유명한 연극배우가, 내일은 유명한 건축가가, 또 그다음은 만화가가, 인기 영어강사가 부끄러운 학력위조를 고백했습니다. 그에 대해 네티즌들은 온갖 욕설로 도배를 했지요. 심지어 자결하라는 심한 말도 있었습니다.

얼마 전이었습니다. 밤이 깊었지만 냄새 나는 음식물 쓰레기를 그대로 둘 수 없어 버리러 나갔습니다. 저희 집은 15층 꼭대기라 엘리베이터 버튼을 누르고 기다리고 있었습니다. 옛날에 지은 복도식 아파트여서 엘리베이터가 올라오는 데 꽤 시간이 걸렸습니다. 문득 옆 창문에서 찬바람이 들어오는 게 느껴졌습니다. '누가 이 추위에 문을 열어 놨지?' 하며 보니, 한 여자가 신발을 벗고 창밖으로 두 발을 내어놓은 채 걸터앉아 있었습니다. 어둑한 곳이라 처음엔 제가 뭔가를 잘못 보았나 싶었습니다. 그러다가 그 여자가 자살을 시도하고 있다는 걸 깨달았습니다. 놀라서 소리를 지르면 그대로 떨어질 것 같았습니다. 저는 아주 조용히 다가갔습니다. 그리고 그녀의 몸을 팔로 꽉 안았습니다.

"그러지 마세요. 죽지 마세요."

겨우 이 말이 나오더군요.

저는 죽을힘을 다해 껴안았습니다.

"후우……."

마침내 그분이 몸에서 힘을 빼고 한숨을 쉬었습니다.

그녀의 몸은 차갑게 얼어 있었습니다. 얼마나 그 위에서 고민을 하며 앉아 있었던 걸까요? 그녀를 안아 복도로 끌어내리는데 생각보다 몸무게가 가벼웠습니다. 마치 영혼이 빠져나간 참새 한 마리를 드는 것 같았습니다. 얇은 스타킹을 신은 다리는 추위와 공포 때문인지 구부러진 채 빳빳하게 굳어 펴지지를 않았습니다.

그녀는 50대 중반의 단발머리가 단정한 분이었습니다.

"너무 괴로워요. 몸도 아프고 마음도 힘들고……."

저는 아무 말 없이 얼어붙은 그분의 손을 잡아 주었습니다.

"사는 거 순식간이에요. 그러니 이렇게 죽지는 마세요."

순간 하나님도 이 여인의 영혼을 말할 수 없는 탄식으로 바라보고 계신다는 생각이 들었습니다. 속으로 잠깐 기도를 했습니다. 그리고 이것저것 말을 붙이며 옆에 앉아 있었습니다. 자살 위기는 넘긴 듯했습니다.

그 일이 있고 난 후 제가 조금 달라진 것이 있습니다. 사람에 대한 미운 감정이 확 줄어든 것이지요. 아무 데나 침을 툭툭 뱉는 불량스런 청소년을 봐도, 빤히 달려오는 사람을 보고도 엘리베이터 문을 확 닫아 버리는 밉살스런 옆집 아저씨를 봐도, 내일이면 뒤집힐 뻔뻔한 거짓말을 하는 정치인을 봐도, 심지어 도로를 헤집고 다니는 폭주족을 봐도, 화가 나기보다는 '저 속은 오죽하랴' 하는 측은한 마음이 듭니다. 아무리 미운 사람도 죽음을 생각하면 그 미움이 슬며시 고개를 숙입니다. 감히 누구를 향해 "자결을 해라" 같은 끔찍한 말은 내뱉을 생각조차 할 수 없습니다. 저는 이제 추상같은 정의의 심판은 내릴 수 없을 것 같습니다.

나이가 들면서 우리를 긍휼히 여기시는 하나님의 마음을 알아 갑니다. 다윗이 압살롬을 잡으러 가는 요압에게 부탁합니다.

"나를 위하여 소년 압살롬을 너그러이 대접하라."

반역을 일으켜 왕위를 빼앗고, 왕비들을 백주에 능욕했으며, 심지어 아비인 자신을 죽이려고까지 한 자식을 살려 달라는 다윗의 부탁은 깊이를 알 수 없는 너그러움이었습니다. 아버지의 마음, 예수님의 마음이지요.

오늘도 하나님을 위해 너그러운 하루가 되길 기도합니다.

무엇을
할 것인가

　새벽 5시, 자명종이 울립니다. 올해 취직한 우리 딸이 벌떡 일어나 출근 준비를 합니다. 버스와 전철을 갈아타면서 7시까지 회사에 가려면 적어도 6시에는 집을 나서야 합니다. 해가 짧아진 요즘, 아직도 캄캄한 새벽길을 나서는 딸아이의 뒷모습이 참 안쓰럽습니다.

　학교를 졸업하고 그저 직장만 구하면 걱정이 없을 것 같았는데, 막상 취직이 되어 새벽부터 뛰어나가 밤늦게 돌아오는 것을 보니 '돈 벌기 참 힘들구나' 하는 생각이 새삼 듭니다. 20년 넘게 묵묵히 출근을 하는 남편보다 자식이 더 마음이 쓰이는 것은 엄마이기 때문일 것입니다.

이 세상에는 수많은 직업이 있지만, 제 생각엔 딱 두 가지로 나눕니다. 엄마들이 좋아하는 직업과 엄마들이 싫어하는 직업이지요. 엄마들이 좋아하는 직업이 단지 돈만 많이 버는 그런 직업이라는 오해는 말았으면 합니다. 하나님 다음으로 자기 자식을 사랑하는 엄마들이 그런 걸 권하지는 않습니다. 험한 세월을 살다 보니 자식들만큼은 안정적이고, 사회적 지위도 있고, 봉급은 제때 나오고, 주일에는 쉴 수 있고, 여력이 있으면 남에게 도움도 되는 그런 일을 갖기 바라지요.

언젠가 아프리카 밀림 속 부족을 찾아간 기자가 한 소녀의 엄마에게 물었습니다. 딸이 앞으로 무슨 일을 하면 좋겠냐고요. 엄마가 수줍게 대답하더군요.

"의사가 되었으면 좋겠어요. 아니면 교사나……."

지구상의 엄마들의 소망은 다 비슷한가 봅니다.

거창고등학교의 직업선택 십계명에는 "부모나 아내나 약혼자가 결사반대하는 곳이면 틀림없다. 의심치 말고 가라"라고 써 있다고 합니다. 일리가 있습니다. 부모들이 좋아하는 직업은 경쟁이 심해 웬만큼 잘해서는 두각을 나타낼 수 없습니다. 부모가 싫어하는 직업은 상대적으로 경쟁이 약해 조금만 잘해도 성공할 확률이 높습니다. 그러나 제일 좋은 직업 선택의 기준은 본인의 적성입니다. 놀랍게도 하나님은 인간에게 자기가 무얼 잘할 수 있는지 본능적으로 알 수 있는 능력을 주셨습니다. 혹시 자기가 무얼 해야 할지 몰라 아직도 방황하고 있다면 스스로에게 이렇게 물어보는 게 도움이 됩니다.

"하나님이 아무 조건 없이 너의 소원을 들어주신다면 무얼 하고 싶니?"

저의 경우는 '오늘 내가 주님 앞에 간다면 어떤 일을 하지 못한 것이 가장 후회가 될까?' 하고 물었습니다. 결론은 돈을 벌지 못해도, 이름을 내지 못해도, 하나님을 전하는 글을 써야겠다는 결심을 하게 된 것이지요.

적성에 맞는 일을 해도 돈을 버는 일은 힘이 듭니다. 원래 에덴동산에서 아담이 하나님과 함께했을 때 일은 고통이 아니었습니다. 창조와 놀이에 가까웠습니다. 그러나 하나님을 거역하고 에덴동산에서 쫓겨난 이후, 인간에게 '일'은 평생 수고하고 이마에 땀을 흘려야 먹을 것을 구할 수 있는 직업이 되었습니다.

취직을 못한 어떤 청년이 인터넷에서 '잡 이야기'(The story of Job)라는 제목이 나와서 클릭해 보니 온몸에 종기가 난 노인 이야기만 나왔다는 이야기를 들었습니다. 성경의 '욥' 이야기인 것 같습니다. 직업과 욥기에는 공통점이 있다는 생각을 합니다. 고통을 인내한다는 것과, 그 가운데 하나님이 주시는 의미를 깨달 았을 때 축복이 된다는 것이지요.

서울에서 가장 가난한 동네에 속하는 강북의 한 마을이 있습니다. 아직도 창녀촌이 남아 있는 곳이지요. 작고 허름한 쪽방에는 세상에서 밀려난 가난한 사람들과 독거노인들이 살고 있습니다. 그런데 10년 전부터 그분들을 돌보기 위해 한 목사님과 젊은 의사들이 그 근방으로 이사를 왔습니다. 가난한 분들 가까이에 살면서 돌아가실 때까지 돌봐 드리기 위해서입니다. 모두 예수님을 잘 믿는 분들입니다. 그분들을 보면서 저는 하나님이 주신 직업의 소명을 다시 한 번 깨닫고 있습니다.

예전에는 소명이란 것이 하나님을 위해 내가 희생하는 것이라고 생각해서 참으로 부담스러웠습니다. 지금은 바뀌었습니다. 하찮은 일, 돈 버는 기계 같은 삶의 허무에서 벗어나 더 의미 있게, 더 행복하게 살라고 주신 하나님의 배려라는 것을 깨닫습니다. 아주 작아도 좋습니다. 내가 하는 일에 동행하시는 주님의 음성을 들으면 좋겠습니다.

가족의 발견

　일본의 영화감독인 기타노 다케시는 "가족이란 보는 사람만 없다면 갖다 버리고 싶은 존재"라고 말했습니다. 그 말을 처음 들었을 때 제 가슴이 섬뜩했습니다. 기타노 다케시 감독이 얼마나 험한 가족사를 가졌기에 그런 말을 했을까 하고 말이에요. 그는 술주정뱅이에 걸핏하면 아내를 때리는 광폭한 페인트공 아버지 밑에서 자랐다고 하더군요. 하여간 그놈의 알코올이 동서고금을 막론하고 항상 가족 불행의 씨앗이 되는 것은 틀림없군요.

　하기야 밖에서는 차마 드러내지 못했던 성품을, 매일 보는 집안 식구들에게는 그대로 터뜨리게 되니까 가정이란 곳이 싸움과 미움의 온상이 될 수밖에 없기도 합니다.

　지금이야 다케시 감독의 말을 충분히 이해하고 있습니다. '보는 사람이 없다면'이란 말 속에는, 버리고 싶지만 차마 버릴 수 없는 가족에 대한 끈끈한 사랑이 숨어 있다는 것을 알았으니까요.

아카데미 각본상을 받은 「리틀 미스 선샤인」이란 영화도 생각이 납니다. 이혼에, 재혼에, 파산위기까지 몰려 매일 싸우는 부모, 마약과 문란한 생활로 양로원에서도 쫓겨난 할아버지, 가족을 포함한 모든 사람을 미워하고 아무하고도 말을 하지 않는 10대 아들, 프루스트를 전공한 대학 강사였지만 자살까지 기도해서 여동생네 집에 얹혀사는 외삼촌, 미인대회에 나가는 게 꿈인 예쁘지도 않고 똥배까지 나온 일곱 살짜리 딸이 한 가족이지요. 한눈에 봐도 갖다 버리고 싶은 이 가족이 막내의 미인대회 참석을 위해 뉴멕시코 주에서부터 캘리포니아까지 1박 2일을 고물 소형버스를 몰고 달려갑니다. 그 안에서도 식구들은 줄기차게 싸우지요. 그래도 이 가족은 자신들의 상처는 잠시 덮어 두고 가능성도 없어 보이는 막내의 꿈을 위해 힘을 합칩니다. 가족이란 이름이 가지고 있는 마지막 보루, 사랑의 힘 때문이지요.

예나 지금이나 영화를 비롯한 대중매체가 즐겨 다루는 소재는 '가족'입니다. 믿고 싶고 안 보고 싶지만 차마 그럴 수가 없어서 생기는 갈등이 좋은 이야깃거리가 되지요.

사실 가족의 불행사를 따져 올라가자면 창세기부터 시작됩니다. 선악과를 따 먹은 후에 아담은 "하나님께서 주셔서 나와 함께하게 하신 여자"가 나무 실과를 내게 주어 먹었다고 원망합니다. 사랑으로 한 몸을 이루었다고 하지만 위기를 만났을 때는 서로 원망하는 것이 부부가 갖고 있는 영원한 한계지요.

아담과 하와가 낳은 자식들인 가인과 아벨은 인류역사상 첫 번째 살인극의 주인공입니다. 동생을 죽인 가인은 뻔뻔하게도 하나님께 "내가 내 아우를 지키는 자니이까" 하고 따집니다. 같은 피를 나누어 태어난 형제라 할지라도 살인에 이르는 증오를 가질 수 있다는 거지요.

야곱의 가정은 요즘 흔히 말하는 '콩가루 집안'의 전형을 보여주는 것 같습니다. 이유야 어찌 되었건 야곱은 네 명의 아내를 두었고 그 사이에서 나온 열두 명의 아들과 한 명의 딸의 기록에는 질투, 서모와의 간통, 형제를 팔아넘김, 살인, 강간, 편애, 부모를 속임 등 인간이 경험할 수 있는 최악의 가정사가 펼쳐집니다. 야곱이 바로 앞에서 고백한 '험악한 세월'을 산 이유가 '험악한 가족' 때문은 아닐까 생각될 정도지요.

하지만 그 모든 상처와 죄악을 날려 버릴 마지막 한 방이 있습니다. 그것은 요셉의 용서와 사랑이지요. 하나님은 야곱의 가정을 통해 이렇게 말씀하고 싶으셨는지도 모릅니다.

"하나님을 경외하는 가정에서도 별별 일이 다 일어날 수 있단다. 그러나 사랑과 용서를 잊지 말아라. 이것이 신앙의 가정이니라."

과거 가족문제가 가족 간의 '상처'에 초점이 맞춰져 있었다면, 요즈음 두드러지게 눈에 띄는 가족의 이야기는 전통적 가정의 해체와 새로운 가족의 탄생입니다. 늘어나는 이혼과 재혼으로 피가 전혀 섞이지 않은 식구들이 가족이 되기도 하고, 입양으로 새로운 가족이 만들어지기도 합니다. 오다가다 만난 사람들이 정으로 엮여 가족이 되기도 하지요.

지금은 목사 사모가 된 고등학교 동창인 제 친구가 자신이 입양아였다는 사실을 최근에 들려주었습니다. 그 친구는 어머님이 돌아가시던 스물네 살 때에야 자신이 입양되었다는 사실을 알게 되었다고 합니다. 그런데 그 친구는 도리어 하나님께 감사를 올렸다고 하네요. 세상에서 제일 좋은 부모님을 주신 것을 말입니다. 제 친구는 친부모를 찾을 생각이 전혀 없다고 합니다. 양부모님의 사랑으로 충분했으니까요.

울퉁불퉁 기우뚱기우뚱하지만 그래도 '사랑이 흐르는 공동체', 이것이 가족의 모습이겠지요?

그 청년 바보의사,
그리고 그가 사랑한 것들

　　몇 년 전, 안수현이란 청년 의사가 남긴 글들을 엮어 달라는 출판사의 요청을 받았습니다. 33세. 군의관 복무 중 유행성출혈열로 하나님의 부르심을 받은 청년이었습니다. 그 청년의 갑작스런 죽음을 애통해하던 의대 선배들은 그를 기억할 수 있는 소박한 책을 만들고 싶어 했습니다. 선배들은 그가 2000년 전국적인 의사파업 때 홀로 남아 환자들을 돌보았고, 환자들에게 선물을 주고, 돌보던 환자가 죽으면 장례식까지 찾아가는 요즘 보기 드문 의사라고 하였습니다. 이렇게 일찍 떠나기에는 너무나 아깝다며 그가 이 세상에 살았었다는 흔적을 꼭 남기면 좋겠다고 했습니다. 그 청년의 이야기는 믿을 수 없을 만큼 아름다웠습니다.

'정말 그런 사람이 있을 수 있을까?'

모든 사람이 죄인일 수밖에 없기에 사람에 대한 기대가 크지 않은 저는 궁금한 생각이 들었습니다.

그가 생전에 글을 써 올리던 미니홈피를 들어가 보았습니다. 그의 아이디는 '스티그마'(예수님의 흔적)였습니다. 거기에는 기독교 신앙에 관한 글들과 자신이 만난 환자들 이야기, 응급실 풍경, 의대생의 고단한 삶, 그리고 틈틈이 읽은 책과 음악, 영화 등등 다방면에 해박한 글들이 있었습니다. 감동적이었습니다. 책세 권은 엮을 만한 분량이었습니다. 그러나 저는 보여진 글 이면의 진실한 그의 모습을 더 알고 싶었습니다. 혹시나 감추어진 실망스런 일들이 있을 수도 있으니까요.

거의 100명에 가까운 그 청년의 지인들에게서 설문지를 받고 그들을 인터뷰했습니다. 부모님과 형제자매들은 물론이고 그의 초등학교 때 친구, 중학교 때 담임선생님, 의대 선후배와 친구들, 병원 직원들, 교회 친구들, 함께 복무했던 군인들, 성경 공부반 제자들, 그리고 한때 교제했던 자매도 있었습니다.

눈물이 없던 인터뷰가 없었습니다. 그의 이야기를 하다가 울음이 터져 휴지 뽑는 소리와 코를 훌쩍이는 소리만 녹음된 적도 있습니다. 밤이면 몰래 자신이 돌보는 환자들의 병실에 들어와 침상 옆에서 기도를 하고 간다는 이야기, 에이즈에 걸린 청년을 끝까지 돌본 이야기, 사지가 마비된 소년의 집까지 크리스마스 선물을 들고 찾아간 이야기, 힘깨나 쓰던 애들이 모범생인 그를 미워해 쓰레기통을 뒤집어 씌웠지만 툭툭 털고 일어나 빗자루를 들고 청소까지 한 후 자기 자리에 앉아 공부를 했다는 이야기 등등 셀 수 없을 만큼 많은 아름다운 이야기가 나왔습니다. 생전에 한 번도 만나지 못했던 그 청년을 저도 신뢰하지 않을 수 없었습니다.

그의 부모님의 허락을 받고 그가 남긴 일기들을 읽었습니다. 초등학교 때부터 써온 수십 권의 일기에는 호기심 많은 한 소년이 어떻게 인격적이고 신앙적인 청년이 되어 가는지 그 과정이 숨김없이 드러나 있었습니다. 짝사랑, 헤어짐, 기쁨과 슬픔, 재수와 유급, 좌절, 회개, 의사로서의 의무와 고뇌들, 그럼에도 불구하고 새벽마다 하나님께 무릎 꿇는 그의 신실한 일상들이 적혀 있었습니다.

그 청년은 일반 사람들이 보기에 무슨 대단한 일을 한 사람이 아니었습니다. 그저 예수님을 믿는 일을 최우선 순위에 둔 우직한 크리스천 청년이었지요. 중고등학교 때도, 재수생·의대생 때도, 죽을 시간도 없다는 인턴·레지던트 때도 그는 주일이면 반드시 예배를 드렸고, 교사, 찬양대원, 의료봉사를 즐거운 마음으로 감당했습니다. 교회 문턱을 넘기 어려워하는 젊은이들을 위해 비디오로 찬양 실황을 보여 주며 예배하는 '예흔'(예수님의 흔적) 모임을 만들었습니다. 그는 환자들과 주위 사람들에게 아낌없이 선물을 하고, 급하면 자기 피를 뽑아 수혈을 해주었습니다. 서른 번 이상의 헌혈을 해 헌혈유공장 은장을 받았다는 사실은 그가 입원해 수혈이 필요했을 때에야 비로소 알려졌습니다.

수현 형제의 장례식엔 4천 명이 넘는 조문객이 밀려왔습니다. 젊은 청년의 장례식이라고는 믿어지지 않을 정도의 인파였습니다. 그 가운데는 병원에서 구두 닦는 아저씨, 매점 아저씨, 환자용 침대를 옮기시는 분들, 식당 아줌마들도 있었습니다. 그분들은 그 청년이 항상 허리를 깊숙이 숙여 인사를 하던 모습을 기억하면서 자기 곁에 잠깐 머물렀던 예수님이었다며 애통해했습니다.

그런데 이 모든 것보다 결정적으로 제 마음을 울린 것들이 있습니다. 그 청년이 혼수상태에 들어가기 며칠 전까지 써놓은 중보기도를 해야 할 사람들의 이름과 기도제목들이었습니다. 부탁한 본인들마저 잊었을지도 모르는 그 기도들을 그 청년은 잊지 않고 있었습니다. 또 한 가지는 그가 죽은 다음 그의 통장에 남은 돈을 확인해 보니 제로에 가까웠다는 겁니다. 사랑 이외에는 아무것도 남기지 않은 깨끗한 삶이었습니다. 그의 일기 가운데 그의 지인이 보낸 편지가 있었습니다.

"너는 왜 남에게 주기만 하니. 바보같이."

첫 번째 책 제목 『그 청년 바보의사』는 그렇게 해서 정하게 되었습니다.

선배들이 십시일반 출판비를 모아 출간된 이 책은 많은 사람들의 사랑을 받아 베스트셀러가 되었고, 최근에는 의대생들의 필독서가 되었다고 합니다.

속편인 『그 청년 바보의사, 그가 사랑한 것들』은 그가 남긴 주옥같은 믿음의 글들과 함께 수현 형제로 인해 인생을 다시 살게 된 그가 사랑했던 사람들이 쓴 이야기로 엮었습니다. 하나님을 믿는 한 사람의 사랑이 상처 입은 영혼들에게 얼마나 큰 위로와 격려를 줄 수 있는 것인지요.

작가로서 수현 형제의 삶을 재구성하며 깨닫게 된 것이 있습니다. 그것은 하나님이 우리를 어떤 눈으로 보실 것인지 그 마음을 감히 알게 되었다는 것이지요. 그것은 '무조건적인 사랑의 눈'이었습니다. 신실했던 그 청년에게도 인간다운 결점들이 있었습니다. 실수도 많았습니다. 그러나 작가인 제 눈엔 그것조차 사랑스러워 보였습니다. 하나님을 잘 믿어 보려는 그의 분투가, 좋은 사람이 되려고 애쓰는 그의 몸부림이 그 부족한 것을 덮고도 남았습니다. 우리 주님도 그러하실 것입니다. 주님에 대한 사랑을 잃지만 않는다면, 아무리 게으르고 악한 종이라도 "주님!" 이 한마디에 뜨거운 눈물을 흘릴 수 있다면, 당신도 생각보다 괜찮은 크리스천입니다.

순하고
말랑말랑한 것의 힘

저희 가족이 지금 살고 있는 아파트로 이사 왔을 때, 엘리베이터에 탄 이웃들은 눈도 마주치지 않았습니다. 23층에서 1층까지 내려오는 상당한 시간을 그 좁은 공간에 같이 있어야 하는데, 서로 외면하거나 애꿎은 휴대폰만 열었다 닫았다 하며 불편한 시간을 참아 내고 있었지요.

제 남편이 용감하게 그 침묵을 깨뜨렸습니다. 엘리베이터가 열리고 그 안에 사람이 있으면, 어른이건 아이건 간에 "안녕하십니까?" 하고 큰소리로 먼저 인사를 했지요.

처음엔 "흐억!" 하고 깜짝 놀란 표정을 짓던 이웃들이 요즘은 저희보다도 먼저 "안녕히 가세요" 하고 인사를 해주네요. 아직도 눈을 휙 돌리시는 분들이 있긴 하지만, 어쨌든 닫혀 있던 이웃 간의 문이 부드러운 인사 한마디로 열려 가고 있습니다. 단단한 것을 부술 힘은 어쩌면 순하고 말랑말랑한 것들로부터 나오는지도 모르겠습니다. 바위를 뚫고 나오는 연약한 초록 식물들처럼 말이지요.

제 남편이 원래 그렇게 순한 사람은 아닙니다. 화를 벌컥 내고, 소리도 잘 지르는, 한 성격 하는 남자지요. 결혼 초엔 내가 사람을 잘못 봤나 후회할 정도로 화를 잘 냈습니다. 특별히 우리 집에서 가족모임을 할 때는 마음이 조마조마했습니다. 언제 남편이 폭발할지 몰라서지요. 손님들이 다 오셨는데 제가 음식을 늦게 차린다거나, 시동생들이 정한 시간에 도착을 하지 않는다거나, 예배드리는 아이들의 태도가 맘에 안 든다거나 하면 시간과 장소를 불문하고 화를 버럭 냈습니다. 모처럼의 잔치가 눈물바다가 되고, 분위기는 싸하게 가라앉습니다. 그때는 야속하기만 했는데 지금은 제 남편을 이해할 수 있습니다. 오남매의 장남으로, 한 집안의 가장으로 쉴 틈 없이 이 힘든 세상을 헤치고 오느라 나름 긴장해 마음에 여유가 없었기 때문이지요.

일을 혹독하게 시키기로 유명한 기업에 다니는 분이 있습니다. 밤 12시 가까이 되어서야 겨우 퇴근하는데, 집에서도 컴퓨터로 새벽까지 일을 했습니다. 주말에도 쉴 틈이 없었지요. 그분은 승

승장구 고속 승진을 했습니다.

그러던 어느 날, 자신을 화나게 한 친구에게 전화를 걸어 따지다가 이상하게 분노가 폭발하고 말았습니다. 전화를 끊고도 화가 가라앉지 않자 그는 다시 그 친구에게 전화를 해서 욕을 하고, 그것도 모자라 직접 찾아가서 악담을 퍼부었습니다. 왜 그렇게 화가 치솟는지 알 수 없었던 그는 결국 정신과 치료를 받게 되었습니다. 원인은 휴식이 없었던 데 있었습니다. 마음이 쉬지 못하는 사람은 걸어 다니는 시한폭탄과 같습니다. 피로 누적은 알코올중독과 마찬가지로 통제하기 힘든 분노를 일으키지요.

우리 구역 식구 가운데에도 교회에서 상처를 입었다는 분들이 있습니다. 얘기를 들어 보니, 예수님 믿고 너무 좋아서 여전도회, 중보기도팀, 식당봉사, 찬양대 등 교회 일을 열심히 하다가 사소한 일로 싸운 경우가 많았습니다. 그분들은 이제 교회봉사는 안 하고 주일에 예수님께 눈도장만 찍고 오겠다고 하시지요. 믿음이 있는 분들이니까 다시 봉사를 하시리라 믿지만, "이번에는 딱 한 가지만 정해서 충성합시다" 하고 웃습니다.

주일에 보면, 딱딱한 바게트 껍질같이 굳은 얼굴에, 만나도 눈인사 한번 줄 틈 없이 달려 다니시는 집사님들이 있습니다. 예배 드릴 때 교회수첩 꺼내 놓고 스케줄 체크하느라 설교는 귓등으로 듣는 장로님도 계시지요. 저는 그분들과 부딪치지 않도록 조심합니다. 잘못하면 큰 싸움이 일어나니까요.

교회 '봉사'가 '일'로 변하면 피곤하게 됩니다. 잘못하면 은혜가 튕겨 나가지요. 제 생각엔 집사들도 6년 봉사하고 나면 무조건 1년을 쉬는 게 좋을 것 같습니다. 마리아처럼 예배에만 집중해서 말씀으로만 촉촉이 젖는 시간, 바쁘다고 두 절만 부르던 다섯 절로 된 찬송을 천천히 끝까지 불러 보는 시간, 그런 휴식의 시간이 필요합니다. 그래야 순한 눈을 지닌 그리스도인이 재탄생합니다. 예수님을 오래 믿을수록 더 보들보들, 말랑말랑한 성도들이 되어야 견고한 진지 같은 세상의 악한 것들을 무너뜨릴 힘을 얻지 않겠습니까?

제 남편은 올해 안식년을 맞았습니다. 학교 강의도 쉬고, 교회 고등부 교사 직분도 내려놓았습니다. 아침이면 중랑천변을 산책하고, 주중에는 우이령도 걷고 밀렸던 책도 읽습니다. 참, 우리 남편은 올해 들어 지금까지 딱 한 번 화를 냈습니다. 역대 최고의 성적입니다. 휴식의 놀라운 힘이지요.

주님과 함께 하는
공중비행

처음 비행기를 탔을 때가 생각납니다. 제주도로 신혼여행을 갈 때였지요. 벌써 30년이 다 되어 가네요. 그때만 해도 비행기를 타는 게 일생에 한 번 있을 수도 있고 없을 수도 있는 엄청난 일이었습니다.

토요일 저녁, 비행기 안에는 신혼부부들로 꽉 차 있었습니다. 틀어 올린 머리 밑으로 멀미 때문에 붙인 동그란 '키미테'가 드러난 새색시들이 긴장한 얼굴로 신랑들의 팔을 꼭 잡고 있었습니다. 비행기를 처음 타 보는 신랑들도 겁나기는 마찬가지였을 텐데 말입니다.

비행기가 활주로를 내달리다가 기분 나쁘게 부웅 하고 떠오르는 순간, 저는 의자를 꽉 움켜잡고 온몸을 웅크렸습니다. 얼마나 힘을 주었던지 덜컥 담이 들었습니다.

"괜히 비행기 탔어. 목포까지 기차 타고 갔다가 배 타고 제주도로 가는 건데."

스튜어디스가 오렌지주스와 사탕을 돌렸지만 입안이 썼습니다. 그리고 다음 날 새색시는 구토와 심한 두통으로 관광 도중 제주 종합병원에 가서 링거를 맞았습니다.

그 뒤로 여러 번 비행기를 탔습니다만, 여전히 온몸이 오그라드는 공포를 느꼈습니다. 기내식을 먹으면 그대로 체했습니다. 두통약과 정로환이 비상약품 1호였습니다.

비행기 공포로부터 벗어난 것은 비행기의 원리를 알고, 또 왜 자동차보다도 안전한지를 납득한 뒤부터입니다. 비행기는 엔진의 추진력과 공기의 저항, 중력, 날개 모양과 각도를 통한 양력, 이 네 가지 힘의 작용을 통해 움직입니다. 기장이 되려면 4천 시간의 비행 경력과 착륙 횟수 350회 이상, 부조종사 임명 후 5년이 경과되어야 합니다. 보통은 조종사로 입사한 지 10년이 지나야 기장이 될 수 있습니다. IATA(국제항공운송협회) 자료에 따르면 2009년의 항공기 사고는 0.17퍼센트이며, 항공기 140만 대에 한 대가 사고를 일으키는 것으로 발표되었습니다. 사망률은 0.00000297퍼센트로 로또에 당첨될 확률보다 다섯 배 적다고 하네요.

지금은 비행기를 타는 것이 두렵지 않습니다. 즐겁게 기내식을 먹고, 커피도 마시고, 영화도 보고, 잠도 달게 잡니다. 비행기에서 내려다보면 우리가 사는 땅이 얼마나 멋진지 모릅니다.

백혈병에 걸린 아들을 먼저 천국에 보낸 의사 아버지의 글이 생각납니다. 마지막 날 아버지는 아들에게 이렇게 말합니다.

"아들, 오늘 하나님이 너를 데려가실 것 같구나."

아들은 눈물이 고인 맑은 눈으로 아버지를 바라봅니다.

"딱 하루만 더 있다 가면 안 될까요?"

이 세상은 그렇게 아름다운 곳입니다. 우리의 생명은 하나님이 주신 최고의 선물입니다. 이제 그만 나와 같이 있자 하실 때까지 우린 열심히 살아야 할 의무가 있습니다.

신앙생활도 비행기를 탄 것과 같습니다. 어떤 기장을 만났느냐에 따라 여행길이 달라지니까요. 하지만 같은 비행기를 탔는데도 어떤 사람은 목적지까지 평안하게 즐기면서 가고, 어떤 사람은 내내 공포에 떨면서 갑니다. 기장에 대한 신뢰가 없기 때문일 것입니다. 가끔 신앙생활을 두려움 가운데 하는 성도들을 만나 보면 이런 말들을 하지요.

"지난 주 예배에 빠졌더니 오늘 당장 우리 집에 나쁜 일이 생겼어요."

정말 주님의 마음을 모르는 사람입니다. 그런 건 비위에 거슬리면 즉각 보복을 가하는 가짜 신들의 얘깁니다. 우리 하나님에 대한 가장 큰 모욕은 그렇게 미신처럼 그분을 믿는 것이지요.

예수님 같은 분은 이 세상에 없습니다. 발을 닦아 주시고, 빵을 주시고, 병을 고치시고, 마지막 피 한 방울, 생명까지 아낌없이 사랑으로 부어 주시는 분입니다. 이런 주님과 함께 하는 공중비행, 정말 든든하지 않은가요? 공중에선 지상에서 보지 못하는 최고의 경치를 감상할 수 있습니다. 그것뿐인가요. 우리가 직면한 답답한 문제들을 주님의 눈으로 내려다보며 해결점을 찾게 됩니다. 부디 주님이 운행하시는 비행기 여행을 맘껏 즐기시길 빕니다.

혹시 오늘의 비행 스케줄이 궁금하신가요? 잊지 말고 아침마다 큐티를 하세요. 주님이 보여 주시는 놀라운 일들을 수없이 경험하게 될 것입니다.

행복한
마음

"저기 한 장 찍어 봐."

남편이 가리키는 곳에 서터를 눌렀습니다. 그곳에는 남루한 차림의 아버지와 어린 아들이 나란히 벽에 기대 활짝 웃고 있었습니다. 그 미소가 얼마나 환하던지 버스를 타고 가는 우리 부부의 눈에도 번쩍 띄었습니다. 엄청난 소음과 먼지, 쓰레기, 더위와 악취, 몰려드는 걸인들로 정신을 차릴 수 없었던 인도 뭄바이의 거리였습니다.

인도 여행은 충격으로 시작한다고 합니다. 길거리에서 인간의 생로병사를 다 들여다볼 수 있으니까요. 그만큼 거리에서 생활하는 가난한 사람들이 많습니다.

인도에 다녀온 사람들은 둘로 나뉩니다. 병든 마음까지 치유되었다며 또 가고 싶어 하는 사람과, 다시는 가고 싶지 않다는 사람이지요. 저도 제 후배가 인도에 갔다가 참혹한 죽음을 맞았기 때문에 그리 내키는 여행은 아니었습니다. 하지만 며칠 지나니까 익숙해지더군요. 한국전쟁 직후에 태어난 저는 인도의 풍경이 그리 낯설지 않았습니다. 불과 몇십 년 전, 우리나라도 가난하고 더럽고 위험하고 혼란스러웠으니까요.

　인도 사람들은 잘 웃었습니다. 뉴욕이나 런던이나 서울 사람들보다 더 많이 웃었습니다. 오토릭샤 운전사가 요금도 양심적으로 받고 거기에 예수님 사진도 붙이고 다니기에 팁을 주었더니 굉장히 좋아하더군요. 거리의 아이들은 관광객들이 준 도시락을 들고 신이 나서 춤을 추었습니다. 행복은 쌀수록 좋습니다. 그래야 많이 누릴 수 있으니까요.

　'우리 하나님은 참 공평하고 자비로우시구나.'

　아무리 비참한 곳이라 해도 하나님은 당신의 형상으로 빚으신 인간들에게 기본권처럼 행복을 누릴 수 있는 힘을 주신 것 같습니다. 햇빛과 공기를 누구에게나 베풀어 주시듯이 말입니다.

　행복이란 단어, 영어의 'happiness'나 한자의 '幸福' 모두 하나님과 연관이 있습니다. 'happiness'는 "예상치 못한 때에 주시는 신의 은총"이고, '幸福' 역시 "사람의 힘을 초월한 운수"와

"오붓하고 넉넉하다"라는 뜻이 함께 있다고 합니다. '복'이란 한자의 부수는 '示'인데 여기에는 '신'(神)과 '보다'라는 의미가 있지요. 그러니까 행복이란 복을 달라고 하나님께 떼를 써야 받는 것이 아니라, 하나님이 지켜보시다가 딱 맞는 타이밍에 주시는 것이네요.

그러면 어떤 사람이 이 행복을 누릴 수 있을까요? 하버드 의과대학 조지 베일런트 교수는, 1930년대 말 하버드 대학에 입학한 심신이 건강하고 가정환경이 좋은 2학년 학생 268명과, 불우한 환경에서 자라는 소년들 456명, 뛰어난 지능을 가진 여학생 90명의 일생을 72년 동안 추적 조사하여 『행복의 조건』(Aging Well)이란 책을 썼습니다. 그 책을 읽어 보니, 하버드를 나왔다고 해서, 또 지능이 높다고 해서 다 행복하게 산 것은 아니었습니다. 그들 가운데 알코올중독과 자살로 생을 마감한 사람들도 있었습니다. 베일런트 교수의 아버지 역시 하버드를 나온 유명한 고고학자였지만 베일런트 교수가 열 살 되던 해 갑자기 권총으로 자살을 하고 말았습니다. 반면 대도시의 가난한 동네에서 자란 불우한 소년들 가운데서도 직업뿐만 아니라 삶에서도 크게 성공한 사람들이 많았습니다.

그는 결론적으로, 고통이 얼마나 많고 적은지가 문제가 아니라 그 고통에 어떻게 성숙하게 대처하는지가 행복한 사람을 결정짓는다고 했습니다. 그러나 행복학 연구자들도 풀지 못한 것이 있습니다. 일리노이 대학 심리학 교수이며 행복연구의 대가인 에드 디너는 145개국의 36만 명과 면담을 한 뒤 이렇게 말했습니다.

"교회에 다니는 사람들은 살면서 기쁨을 더 많이 누린다. 왜 그런지는 우리도 알 수 없다."

학자들은 알 수 없지만 그리스도인들은 그 이유를 너무도 잘 알고 있습니다.

"……어떠한 형편에든지 나는 자족하기를 배웠노니 나는 비천에 처할 줄도 알고 풍부에 처할 줄도 알아 모든 일 곧 배부름과 배고픔과 풍부와 궁핍에도 처할 줄 아는 일체의 비결을 배웠노라"(빌립보서 4:11-12).

제가 보물처럼 간직한 것들이 있습니다. 초등학교 때 전학 간 짝에게서 받은 편지, 우리 아이들이 어릴 때 입었던 잠옷, 연애할 때 남편에게 내가 선물한 첫 번째 넥타이, 돌아가신 시아버님이 주신 빳빳한 천 원짜리 옛날 신권 몇 장, 친정아버지의 일기장, 그리고 아이들이 초등학생 때부터 함께 드렸던 가정예배 기도제목을 적은 노트들입니다. 저는 이것들을 들여다볼 때마다 행복한 마음이 차오릅니다.

행복한 기억은 많을수록 좋습니다. 힘들고 외로울 때마다 마음 한구석에 쟁여 놓았던 행복 한 조각을 꺼내 펼쳐 놓으면 되니까요. 언젠가 이 아름다운 지구를 떠나는 날, 행복한 추억들로 엮은 양탄자를 타고 주님께 가고 싶습니다.

"주님, 정말 멋진 여행이었어요! 고맙습니다."

그래도 나는
내가 좋아

전철 안에서 매번 만나는 가족이 있습니다. 엄마는 화상을 심하게 입어 얼굴이 정말 보기 흉하게 일그러졌고, 두 손의 손가락도 들러붙어 둥근 감자처럼 오그라져 있었습니다. 그 모습이 섬뜩한지 그 엄마를 보고는 모두 얼굴을 돌려 버리지요. 만약 엄마 곁에서 종달새처럼 재잘대는 초등학교 2학년 정도의 예쁜 딸이 없었다면, 그분은 세상에서 제일 외로운 섬처럼 보였을 겁니다. 딸아이는 전철 안에 있는 사람들이 자기 엄마를 힐끗거리며 보는 것을 아는지 모르는지 엄마 손을 잡고 꼭 붙어서 조잘조잘 얘기하며 웃고 장난을 칩니다.

처음에는 엄마와 딸만 있는 줄 알았습니다. 그런데 그 맞은편에 앉아 있던 6학년쯤 돼 보이는 남학생이 슬며시 일어나 같이 내리는 것을 보고 그 남자아이가 아들인 것을 알았습니다. 엄마 옆의 자리가 비어 있어도 아들은 꼭 다른 자리에 가 앉았습니다. 그 아이는 엄마의 모습을 부끄러워하고 있는가 봅니다.

저도 처음에는 그 엄마를 보고 얼른 다른 곳으로 눈을 돌렸지요. 너무 가슴이 아파서였습니다. 이제는 자주 만나니 가끔 눈을 마주치기도 하고, 까부는 딸을 보고 같이 웃어 주기도 합니다. 그 엄마도 화상을 입기 전에는 딸아이처럼 고왔을 겁니다. 아직도 아들 녀석은 다른 자리에서 고개를 돌리고 앉아 있네요. 그러나 언젠가는 일그러진 모습 그대로 엄마를 사랑하게 될 거라고 믿고 싶습니다. 딸아이도 아주 오랫동안 변치 않고 엄마를 그렇게 좋아해 주었으면 좋겠습니다.

예배드릴 때 사람들은 자기가 좋아하는 자리가 있습니다. 저도 한자리 맡아 놓고 있는데, 종종 키가 아주 작은 자매가 제 옆에 앉습니다. 아마 어떤 장애를 입은 듯싶습니다. 그 자매는 예배가 끝나고 성도끼리 인사를 할 때도 눈을 안 마주치고 고개만 푹 숙이고 있어서 제 마음을 아프게 했습니다.

어느 날 찬양예배를 마치고 집으로 돌아오는데, 앞에서 걸어가는 모녀를 보았습니다. 두 사람이 마치 소풍 나온 아이들처럼 잡은 손을 앞뒤로 흔들면서 걸어갑니다. 제 옆자리의 자매와 엄마였습니다. 저는 또 주책없이 눈물이 나왔습니다. 정말 오래오래 엄마는 장애 입은 딸을 부끄러워하지 않고, 딸은 그 사랑을 그대로 받아 주었으면 좋겠습니다.

사람에게는 누구나 부끄럽고 창피한 구석이 있게 마련입니다. 저도 남 못지않게 창피한 구석이 많은 사람입니다. 어깨는 굽었고, 미모는 시원찮고, 편두통에, 시력은 대단히 나쁜데다가, 돈도 못 벌고, 남편과 애들 생일에 깜빡 잊고 김치찌개를 끓이는 사람입니다.

그러면 살림은 잘할까요. 손님이 갑자기 찾아오면 우리 집 아이들은 거실에 늘어져 있는 갖가지 물건 중 큰 것 서너 가지씩을 챙겨 황급히 각 방에 던져 넣고 얼른 문을 닫습니다. 그래도 여전히 책과 신문, 벗어 놓은 양말, 물컵, 핸드백은 그대로 널려 있지요. 가끔 손님들이 묻습니다.

"이사 온 지 얼마 안 되시나 봐요."

애는 쓰고 있지만 아직도 냉장고에서는 남은 야채가 썩기도 합니다. 해놓고 잊어버려서 안 먹은 반찬이 상해서 나오기도 하지요. 남편이 우당탕거리며 유난스럽게 목욕탕을 청소할 땐 쥐구멍에 들어가고 싶을 정도로 부끄럽습니다. 지금도 하나밖에 없는 난초가 그만 누렇게 시들고 말았습니다. 돈도 잘 벌고, 살림도 윤나게 잘하고, 애들 교육도 야무지게 시키고, 그러고도 남은 시간을 쪼개어 봉사까지 하는 엄마들을 보면 저는 정말 기가 죽습니다.

그러면 저는 저를 미워할까요? 물론 아닙니다.

한국계 미국인 코미디언 마거릿 조의 인터뷰 기사를 읽은 적이 있습니다. 인기와는 관계없이 그동안 약물 복용, 섹스 중독 등으로 얼룩진 삶을 살았는데 이제 여기서 벗어났다고 합니다. 마거릿 조는 "내가 원했던 것은 바로 나"라면서 자신을 황폐한 삶으로 몰아넣었던 '자기학대'로부터 벗어나 뚱뚱하고 불안하고 못생긴 자신을 다시 사랑하게 된 그 이야기를 했습니다.

저도 그렇습니다. 부끄러운 것도 많고 부족한 것도 많지만 그래도 저는 저 자신을 있는 그대로 좋아합니다. '하나님도 그냥 나를 사랑하시는데 나도 나를 그냥 사랑해야지' 합니다. 남편도 있는 그대로, 아이들도 있는 그대로, 친구나 교회 구역 식구들도 있는 그대로 좋아하려고 애를 씁니다. 사람들은 찬찬히 보면 다 좋은 구석이 있습니다. 요리도 잘 못하고 건강도 시원찮지만 재미있는 저를 남편과 아이들도 있는 그대로 사랑해 줄 것임을 저는 추호도 의심하지 않습니다.

나이를 먹어 갑니다. 실수와 잘못도 늘어 갑니다. 그래도 어제보다 오늘 저를 더 사랑합니다. 하나님도 그러실 테니까요. 그 사랑이 저 자신을 넘어 가족과 이웃으로 흘러가는 것, 그것이 작은 질그릇 저에게 주신 하나님의 소명이겠지요?

인생은 아름다워

인생은 아름다워

초판 1쇄 인쇄   2014년 3월 10일
초판 1쇄 발행   2014년 3월 17일

지은이 이기섭
그린이 이현숙
펴낸이 정선숙
만든이 홍병룡 · 최규식 · 정선숙 · 이혜성

펴낸곳 도서출판 아바서원
등록 제 110-91-30401(2005년 2월 21일)
주소 서울특별시 은평구 신사동 37-32 2층
전화 02-388-7944   **팩스** 02-389-7944
이메일 abbabooks@hanmail.net

ISBN 979-11-85066-17-2